U0691551

医院档案管理理论与实践应用研究

庄乾文　张　君　张　瑾◎著

吉林文史出版社

图书在版编目（CIP）数据

医院档案管理理论与实践应用研究 / 庄乾文，张君，张瑾著． — 长春：吉林文史出版社，2023.1
ISBN 978-7-5472-9221-1

Ⅰ．①医… Ⅱ．①庄… ②张… ③张… Ⅲ．①医院—档案管理—研究 Ⅳ．①G275.9

中国国家版本馆CIP数据核字（2023）第008750号

YIYUAN DANG'AN GUANLI LILUN YU SHIJIAN YINGYONG YANJIU

书　　名　医院档案管理理论与实践应用研究
作　　者　庄乾文　张　君　张　瑾
责任编辑　陈　昊
出版发行　吉林文史出版社有限责任公司
地　　址　长春市福祉大路 5788号
印　　刷　北京四海锦诚印刷技术有限公司
开　　本　787mm×1092mm 1/16
印　　张　11.75
字　　数　265 千字
版次印次　2024年4月第1版　 2024年4月第1次印刷
定　　价　52.00 元
书　　号　ISBN 978-7-5472-9221-1

前　言

如今，我们身处知识经济时代，经济迅猛增长、科技飞速发展、社会不断进步，这一时期，信息繁杂、来源广泛，怎么运用高效率的手段来收集、处理以及整合信息在档案管理中显得越来越重要，这也是我国档案事业发展的核心问题。档案管理工作的基本任务是收集齐全、妥善保管、整理加工和开发利用各种门类和载体的档案，不仅为档案形成者的各项管理工作服务，而且应承担起记录历史、传承文化的社会重任。在电子文件大量产生、纸质文件与电子文件长期并存的时代，档案管理的理论、方法和实践面临着众多机遇和挑战，其管理水平和管理效率的高低对其他部门工作的进行具有重要的影响。因此，我们必须重视档案管理工作。

鉴于此，笔者撰写了《医院档案管理理论与实践应用研究》一书，本书共两篇：第一篇为理论篇，阐述了档案与档案管理、档案管理工作的业务流程；第二篇为实践，分析了医院档案管理的内容、医院人事档案管理与优化、医院档案管理的现代化创新、大数据助推医院电子档案管理。

全书在内容布局、逻辑结构、理论创新诸方面都有自己的独到之处，具有较强的理论性、实践性和指导性，对医院档案管理工作的开展起到重要作用。

笔者在撰写本书的过程中，得到了许多专家学者的帮助和指导，在此表示诚挚的谢意。由于笔者水平有限，加之时间仓促，书中所涉及的内容难免有疏漏之处，希望各位读者多提宝贵意见，以便笔者进一步修改，使之更加完善。

目　录

第一篇　理论篇

第一章 档案与档案管理初探

第一节 档案及其价值作用

一、档案的认知

（一）档案的形成条件及形式划分

档案来源于单位或个人，是人们在社会活动中形成的，其形成单位极其广泛。档案的形成者来自两个方面：一是机关、团体、企事业单位等；二是个人、家庭和家族。

档案是社会上各行各业、各个单位及个人在社会活动中的产物，从而决定了档案来源的广泛性。同时，这些形成档案的特定单位有着相对的稳定性。只要某个单位继续存在，那么相关的档案就会连绵不断地形成和积累，从而决定了档案来源有着一定的连续性和稳定性。另外，各单位每一方面工作、每次会议、每项科学技术活动等，必然会产生相关的文字记录，这些多样化的社会活动决定了档案内容的丰富性与联系性。所以，档案来自单位，形成于特定的社会活动中。档案的来源广泛、内容丰富，同一来源的档案内容之间有着内在的联系，在档案管理中必须尊重和维护这种联系，从而有效地发挥档案的作用。

1. 档案形成的条件

各单位或个人在自身活动中，为了相互交往和记录事务，总要产生和使用许多文件材料，由于工作的持续性和事业的发展，便有意识地将一部分文件留存下来以备查考，但并不是所有的文件都需要和可能实现这个转化。文件转化为档案一般需要具备一定条件，即必须是办理完毕的文件；必须是对日后具有一定查考和保存价值的文件；必须是按照一定规律整理完毕的文件。可见，档案和文件既有联系又有区别，档案是由各种文件材料转化而来的。

2. 档案形式的划分

档案的形式包括档案的载体形式，档案的文种名称和档案内容的记录方式等。我国档案载体形式，古代有龟甲兽骨、青铜钟鼎、竹木板片、金册铁券、缣帛、纸张等，现代有胶片、磁带、磁盘等；档案的文种名称，有诏、谕、题本、奏折、咨呈、照会、电报、命令、通知、条约、协议、计划、报表、会议记录、手稿、日记等形式；档案内容的记录方式，有手写、刀刻、印刷、晒制、摄影、录音、录像等。档案的形态还会随着社会的发展而不断变化和更新。

（二）档案的本质属性

档案是原始的历史记录，这是档案的本质属性。档案是由形成者在各自的活动过程中直接形成的，即档案是由特定的形成者在当时当地为适应活动需要而直接形成的原始文件的转化物，所以，档案具有很强的原始性。同时，档案又是以具体内容反映形成机关或人物社会活动的历史记录，所以，档案具有很强的记录性。正是这种兼原始性和记录性于一体的特点，成为档案区别于图书、资料等其他文献资料的独有特性和根本标志。

作为人们社会实践活动原始的历史记录，档案具有最权威的真实性、可靠性。但不是说档案所记载的内容都是真实的，必须辩证地看待档案的可靠性问题。一方面，从档案文件的形成本身来看，档案都是真实的历史记录，即使档案内容没有真实描述某一客观事实，但文件的形成过程是真实的，即使某份文件是伪造的，这份文件本质上也就成为伪造者的伪造活动的真实记录；另一方面，从档案的内容来看，即使档案内容有虚假部分以至完全违背事实，它表达了当事人的意图，留下了当事人行为的痕迹，其档案本身也说明了某种历史事实，即成为伪造者自身行为的一种证据。对于研究伪造行为的背景和意图，对于认识和揭示某种社会历史现象，有时也是颇有利用价值的。

（三）档案的特性

1. 广泛性

档案是国家机构、社会组织和个人在各项活动中直接形成的，从某个角度来说，人们整个生命活动就是处于信息的生成、利用的循环过程之中。档案对这些信息进行了承载，它伴随着人们生命的开始而开始，并贯穿于人们的整个生命活动之中。档案的形成主体几乎包含社会活动的所有主体，也正是因为这样，档案才具有来源广泛的特点，同时也使档案内容具有丰富性，档案事务具有社会性。

2. 原始性

原始性是指档案的历史记录性，是档案的本质属性。档案是根据某一原始材料直接转化形成的，不存在事前编纂、事后编写的情况。众所周知，档案是信息载体的其中一种，信息还有许多载体，如图书、情报、资料等。虽然信息载体众多，但是却不是所有的都能被视为档案。这是由档案自身的特点决定的。人们的各种实践活动、社会生活都是档案生成的源泉，它客观、直接地记录了活动主体的活动历史，是"第一手资料"，这就决定了档案具有原始性、真实性，也从而使档案起到了证据、依据作用。

3. 多样性

历史是不断发展的，社会也在随之进步，档案的形式也经历了多种变化，这种变化主要是因为记录信息的方式和载体发生了变化。从记录信息的方式来看，经历了刀刻、手写、录音、摄影、录像等的变化；从记录信息的载体来看，经历了甲骨、金石、青铜、竹简、缣帛、纸张、磁带、胶片、光盘等的变化。此外，表达方式的变化也决定了图书档案形式的多样性，如文字、图像、声音等。

4. 条件性

档案在成为档案之前，首先是文件。但并不是所有的文件都可以成为档案，这之间的转化必须有特定的条件支撑才足以完成。首先，要转化成档案的文件必须是已经处理完的，正在处理的文件材料不能算是档案材料，只有当一份文件已经完成了传达和记录的使命，它才具有参考的作用，也才可以转化成档案。其次，文件要转化成档案必须具有保存利用价值。不是所有处理完毕的文件都可以形成档案，必须对其进行筛选。保留其中对今后工作或者科学研究有参考、利用价值的文件，这样的文件才可以转化成档案。可见，档案是文件筛选过后留下的精髓。最后，档案必须是整理过后形成的有序的、完整的图书文件材料。换言之，必须将文件材料按照一定的方法有机地进行整理，才能使其成为有意义的档案。

二、档案的价值作用分析

（一）档案价值的体现

"档案的价值指的就是档案的使用价值，是档案能够满足社会需求的表现。[①]"档案的

[①]　贾晓明：《浅谈档案的价值与作用》，载《兰台世界》2012 年第 4 期，第 20 页。

价值一般体现在以下方面：

（1）档案的凭证价值。档案的凭证价值是指档案作为证据作用的价值。档案的凭证价值与其原始性密切相关。档案之所以具有凭证价值，是由档案形成规律和档案自身的特点所决定的。从档案形成过程及其结果上看，档案是从社会实践中诞生的，是被直接记录的，而不是在事后或者需要的时候编纂的、捏造的，因而具有客观性、真实性，足以令人信服。从档案本身的物体形态上看，文件上保留着真切的历史标记：当事人的亲笔签署或者批示，机关或个人印信，原来形象的照片、录像和原声的录音等。这些就成为日后查考、研究、争辩和处理问题的依据。

（2）档案的参考价值。档案的参考价值是指档案作为借鉴作用的价值。档案的参考价值与其记录性息息相关。档案不仅记录了历史活动的事实和经过，而且记录了人们在各种活动中的思想发展。档案中有成功的经验和失败的教训，有思想观点和实验观察数据，有社会的变革和生产的发展，这些都可以为后来的人们提供借鉴，使人们在工作和学习中能快速地达到目的。

（二）档案价值实现的规律

档案价值的实现，有一定的规律，具体有以下方面：

（1）作用范围的递增性。档案对机关的作用一般称为档案的第一价值，对社会的作用则称为档案的第二价值。档案形成以后，在相当长时间内是作为机关、企业、事业等单位的工作活动必不可少的查考依据，档案发挥作用的对象和范围主要是档案形成者自身。这一阶段，档案的利用频率往往比较高，是发挥档案现实作用的重要时期。我国为数众多的档案室，是实现档案第一价值，并为实现档案第二价值奠定基础的重要场所。档案的第一价值实现到一定的程度后，形成机关对这些档案利用的现实需要会逐渐淡化。档案在本单位保管若干年后，其作用便冲破原有的形成单位而扩展到社会，过渡到第二价值。

（2）机密程度的递减性。档案随着人类社会活动而产生，人们的某些活动，涉及国家或个人的利益、安全及隐私，在一定时期或范围内不能公开，档案是有一定的机密性的。档案的机密性要求将档案的阅读和了解控制在一定的时间或范围内。档案的机密程度在确定之后并非一成不变，从总体上讲，随着时间的推移，档案的机密程度将会越来越小，档案的保管时间与机密程度成反比，机密程度呈现递减趋势。

（3）作用的转移性。档案在行政领域内发挥的作用称为行政作用，在科学文化领域内发挥的作用称为科学文化作用。随着时间的推移，档案的行政作用会不断减弱而科学文化作用会不断增强。就宏观的档案领域而言，档案行政作用和科学文化作用一直是同时存在的。但从微观的特定部分的档案来看，这两种作用并非始终均衡地存在。档案的前身文件是以处理现行事务为目的的，文件转化为档案之初，档案主要面向立档单位服务并主要作为查考凭据和业务活动的参考依据而指导工作、参与管理，发挥行政作用。随着时间的推移，保存时间较长的档案与现行事务的联系越来越少，档案发挥作用的范围和主要方面都会逐渐发生变化，其作用范围会逐渐扩大到面向社会，由主要工作的查考凭据和业务活动的参考依据逐渐转变到主要作为科学研究的可靠资料和宣传教育的生动素材，从而使档案的科学文化作用跃居首位。

（4）发挥作用的条件性。档案价值的实现，受到一定的环境和条件的制约和影响。影响档案价值实现的环境主要有三个方面：一是社会政治环境，主要包括社会制度、法律法规等环境。二是社会经济文化环境，包括国家和地区的经济和文化的发展水平。一般经济文化发达地区社会文明程度较高，档案事业就比较先进，社会档案意识就高，社会对档案的利用要求较多。三是档案工作内部环境，包括档案管理水平、档案学理论研究水平、档案工作者素质等。所有这些都在一定程度上影响着档案价值的发挥。

第二节　档案工作的组织体系

一、档案室与档案馆

（一）档案室

档案室是各组织（包括团体、学校、工厂、企事业单位等）统一保存和管理本单位档案的内部机构，是整个单位的组成部分。党、政、军等机关单位的档案室，又是机关的机要部门之一。从全国档案工作来说，档案室是国家档案工作组织体系中最普遍、最大量、最基层的业务机构。

1. 档案室的性质

档案室作为全国档案工作体系中最基层的档案业务机构，主要表现出三个方面的性质：

（1）档案室是机关的内部组织机构。机关档案室工作，是机关工作的组成部分，是机关为适应档案管理的自身需要建立的一种专业组织，从事本单位内档案工作的组织管理及档案的保管与提供利用工作。从这一点上看，档案室具有对本机关的依附性。

（2）档案室是保存档案的过渡机构。档案源于形成者，是机关管理活动的记录。为了满足档案形成者自身的需要，由本机关在一定时期对档案进行管理、利用是必需的，也是合理的。但是，从国家和社会的整体利益出发，为了使档案成为社会共享的财富并获得良好的保管，档案室也有向国家档案馆移交档案的义务。因此，档案室一般不可能成为永久保管档案的基地，在档案保管上只能是一种过渡性、中间性的档案机构。

（3）档案室的主要任务是服务于本机关。档案室档案的来源局限于本机关，室藏档案构成具有单一性。从档案室档案的价值形态来看，一般仍是处于第一价值阶段，其对机关日常管理工作仍具有很强的现实作用。因此，档案室的服务方向、服务对象、服务范围基本局限于机关内部。

2. 档案室的作用

档案室的作用主要表现在两个方面：一方面，档案室是单位内具有参谋和咨询作用的部门，它是单位工作的助手，为单位的领导工作和单位内各部门的工作提供参考和依据的档案材料，为单位的工作和生产活动服务。档案室是单位工作的组成部分，是维护单位历史面貌的重要工作。另一方面，档案室是全国档案工作的基础。单位档案室是国家档案不断补充的源泉，国家档案的完整程度和不断积累，首先取决于档案室；在全国档案工作组织体系中，档案室是档案形成后首先提供利用，并且大量发挥现实作用的阵地；档案室是先期保管具有长远价值档案的过渡性机构，它为档案馆工作创造条件。

3. 档案室的任务

档案室的基本任务是：集中统一地管理本机关各部门形成的各种门类和载体的全部档案，为本机关各项工作服务，并为党和国家积累档案史料。其具体任务主要有三个：

（1）对本单位文书部门或业务部门文件材料的归档工作进行指导和监督。

（2）接收和保管本单位各部门应归档的档案材料，进行必要的整理、鉴定、统计、编目和研究，积极开展利用工作，同时收藏和管理一些有关的内部书刊等资料，配合档案提供利用。

（3）定期把具有长远保存价值的档案向档案馆移交。

4. 档案室的类型

我国档案室数量大、分布广、类型复杂，归纳起来主要有以下类型：普通档案室、科技档案室、音像档案室、人事档案室、综合档案室、联合档案室、档案信息中心。

（1）普通档案室。普通档案室通常也称为机关档案室、文书档案室，是主要负责管理文书档案的档案室。这种档案室在全国最普遍，数量最多。党政机关、团体、学校等单位的档案室都属于这一类。

（2）科技档案室。科技档案室是指保管科技档案的专门档案机构。在工厂、设计院、科学技术研究院等单位一般都设有科技档案室。科技档案室主要为本单位生产和科研服务。

（3）音像档案室。音像档案室是管理照片、影片、录音带等音像档案的档案室。电影公司或制片厂、新闻摄影部门、报社或者通讯社、唱片厂等单位，一般都设置有这种档案室。其他各类机关也会在日常工作中形成一些照片、录音带等特殊载体的档案，但由于数量有限，因此一般不专设这种档案室，而是由普通档案室统一管理。

（4）人事档案室。人事档案室是机关、企事业单位在人事部门设置的管理人事档案的专业档案室，这种档案室比较普遍。由于人事档案自身的特殊性，它一般与其他各类档案分开管理，这就有必要专门设立人事档案管理的部门，它通常依附于机关内人事管理部门或组织部门，有的也称为干部档案室（科）。

（5）综合档案室。综合档案室是指统一管理本机关全部档案的档案室。它比分设各种档案室更优越，既精简了机构，又有利于加强本单位档案工作的集中统一管理，便于档案信息的综合开发。

（6）联合档案室。联合档案室是指若干性质相近、关系密切、驻地集中的单位联合成立的档案室。同一地区，特别是在同一市镇内的一些机关联合起来设立一个档案机构，负责保存和管理这些机关形成的档案，这种机构通常就是联合档案室。这种档案室共同管理各单位档案，也称为档案服务中心。联合档案室有利于档案的保护和利用，也有利于节约人力、物力和财力，精简机构和编制。

（7）档案信息中心。有的单位也称信息中心。一些大型企业单位将档案、图书、情报一体化管理，在原有图书机构、档案机构或情报机构的基础上设立统一的信息管理实体机构。这种组织形式便于建立计算机管理系统，实行现代化管理，同时也有利于实现对信息资源的联合开发利用。

（二）档案馆

档案馆是集中管理档案的专门机构，是永久保管档案的基地，是科学研究和利用档案史料的中心。

1. 档案馆的性质

（1）从档案馆管理的对象来看，它是一种重要的历史文化遗产和精神文化财富。

（2）从档案馆的活动方式和工作成果来看，档案馆的工作是一项研究性工作。参与编史修志，汇编各种研究成果，并通过多种方式提供档案利用。

（3）从档案馆的职能来看，它不仅肩负科学管理档案的重任，而且致力于社会化的服务工作。档案馆以其对国家、社会、历史的重大意义而使档案工作成为一项重要的事业。

2. 档案馆的职责及任务

档案馆的基本职责是：集中统一管理党和国家需要长远保管的档案和有关资料，维护历史的真实面貌，为现实的社会主义现代化建设和历史的长远需要服务。档案馆的具体任务主要有三个方面：

（1）接收与征集本级各机关、团体及其所属单位具有长期和永久保存价值的档案以及有关资料，科学地管理。

（2）通过多种方式，积极地开展档案资料的利用工作。

（3）参与编史修志。

3. 档案馆的类型

（1）综合档案馆。综合档案馆是按照行政区划或者历史时期设置的管理规定范围内多种门类档案的具有文化事业机构性质的档案馆。这类档案馆中，有按照历史时期设置的，如中国第一历史档案馆、中国第二历史档案馆；也有按照行政区划设置的，如四川省档案馆、成都市档案馆。综合档案馆一般分别隶属各级党和政府，收集保管党和国家在各方面管理活动中形成的档案。根据综合档案馆所处层次的不同，可分为中央级和地区级综合性档案馆两种类型。综合性档案馆数量众多，是我国国家档案馆和档案事业的主体。

（2）专业档案馆。专业档案馆是管理特定范围专业档案的档案馆，它可以按照载体形态设置，也可以按照某一专门领域设置。这种档案馆中，有按照载体形态设置的，如中国电影资料馆、中国照片档案馆；也有按照某一专门领域设置的，如中国地名档案资料馆。

（3）部门档案馆。部门档案馆是专业主管部门设置的管理本部门及其直属机构档案的档案馆，如外交部档案馆、公安部档案馆、交通运输部档案馆。

（4）企业档案馆。企业档案馆是企业设置的收藏和管理本企业档案的档案馆。企业档案馆具有档案馆的一般属性，但是只收藏和管理本企业档案，主要服务于本企业。

（5）事业单位档案馆。事业单位档案馆是事业单位设置的管理本单位档案的档案馆，如高等院校档案馆。

二、档案行政管理部门

档案行政管理部门是具有政府行政管理职能的档案事业管理机构。档案行政管理部门本身并不直接管理档案，它是监督、指导和检查档案工作的机构。

（一）档案行政管理部门的职责分析

档案行政管理部门，如各级档案局、处等，是党和国家指导和管理档案工作的部门。由于我国的党、政档案工作实行统一管理，因此，各级档案行政管理机构既是党的机构，又是国家的机构。

档案行政管理部门的基本职责是：在统一管理党、政档案工作的原则下，分级负责地掌管全国档案事务，对全国档案工作进行监督、检查与指导。国家档案行政管理部门主管全国档案事业，对全国的档案事业实行统筹规划，组织协调，统一制度，监督和指导；县级以上地方各级人民政府的档案行政管理部门主管本行政区域内的档案事业，并对本行政区域内机关、团体、企业事业单位和其他组织的档案工作实行监督和指导；乡、民族乡、镇人民政府应当指定人员负责保管本机关的档案，并对所属单位的档案工作实行监督和指导。

（二）档案行政管理部门的具体任务

档案行政管理机构的具体任务是：

（1）拟定档案工作的规章、办法，建立国家档案工作制度，制订档案工作的发展规划。

（2）指导和监督各机关、部队、团体、企事业单位的档案工作，规划和筹建档案馆，在业务上指导档案馆工作。

（3）研究和审查有关档案保存价值、档案保管期限的原则和标准，监督和审议有关档案的销毁问题。

（4）组织和指导档案工作业务经验的交流、档案干部的专业教育和档案科学研究。

（5）组织和参与档案工作的国际交流。

三、新型档案机构

（一）文件中心

文件中心是一种社会化、集约化和专业化的档案管理机构，它的设置一般不像档案室那样隶属一个文件形成单位，而是按地区按系统建立的介于文件形成单位和地方综合性档案馆之间的一种过渡性档案管理机构。文件中心的基本任务主要有四个：

（1）把文件从形成机关接收、存储进文件中心。

（2）提供快速、准确的文件借阅服务，满足用户的需要。

（3）确保文件安全、管理科学。

（4）根据由文件形成单位制定、档案馆批准的档案保管期限表对文件进行挑选和鉴别，销毁不需要继续保存的文件，并向档案馆移交具有永久保存价值的档案。

（二）档案事务所

档案事务所是指提供档案事务服务的一种商业性档案服务机构。档案事务所是适应近年来我国档案工作中出现的一些新情况而建立的一种新型档案机构。

档案事务所是独立经营、独立核算、自负盈亏的企业型单位。为加强对档案事务所的管理，各地档案行政管理部门应会同有关部门制定档案事务所的管理规定，并对档案事务所的业务工作进行指导、监督。

档案事务所的服务对象非常广泛，包括档案馆、各机关、团体、企事业单位及个人等。

档案事务所的业务范围主要是开展档案业务的咨询以及各种档案的劳务性服务工作，如档案的整理、装订、著录、裱糊、抢救等。档案事务所开展的档案业务项目均为有偿服务，应根据经济核算的原则制定合理的收费标准。

（三）档案寄存中心

档案寄存中心是由国家综合档案馆设立的，为各类企业、社会组织以及个人提供文件与档案寄存服务的机构，多为营利性质。寄存中心主要为不具备充分保管条件的企业单位、破产单位、社会团体、公民个人等提供文件与档案的寄存服务。档案在寄存中心保存期间，所有权不变。

四、档案工作的辅助机构

档案工作的辅助机构主要有以下三类：

（1）档案专业教育机构。档案专业教育机构是为档案工作培养和输送合格的档案专业人才的机构。这些机构主要有综合性大学内设置的档案学院、系、专业，以及档案中等专业学校和档案行政管理部门设置的档案干部培训中心等。

（2）档案科学技术机构。档案科学技术机构是研究档案学基础理论和档案工作应用科学技术的机构。这些机构主要有档案行政管理部门设置的档案科学研究所，综合性大学设置的档案学研究室，以及中国档案学会及其各省、市的分会等。

（3）档案宣传、出版机构。档案宣传、出版机构是通过各种宣传工具和出版物，宣传档案工作，传播档案知识的机构。这些机构主要有各级档案部门创办的档案刊物所在的杂志社等。

五、档案机构之间的关系分析

以上这些档案机构构成了我国结构严密的国家规模的档案事业体系，这些机构中，档案室是基础，档案馆是主体，档案行政管理部门是组织和指挥中心，档案专业教育机构、档案科学技术机构、档案出版机构是档案工作发展的条件。我国依行政区划建立的档案管理模式由档案局、档案馆合一模式逐步实现了"局馆分立"，档案室、馆、局是我国档案机构的三种基本类型。它们之间的关系如下：

第一，上级档案行政管理机构对下级档案行政管理机构具有业务指导和监督的关系。

第二，档案行政管理机构对同级档案馆、室等档案业务机构具有业务指导和监督的关系。

第三，机关档案室、馆之间，具有档案交接关系。

第四，各级各类档案馆、室之间均无隶属关系，但有一定的协作关系。

第三节　档案管理的理论依据

一、文件生命周期理论

文件生命周期理论是文件管理的核心理论。20 世纪文件数量的激增是文件生命周期理论产生的社会背景。20世纪四五十年代文件中心的出现以及人们寻找对其的理论解释是导致文件生命周期理论产生的直接原因。后来，随着研究范围的逐渐扩大，人们对文件的整个运动过程以及对这一过程的全面管理进行了系统研究，客观揭示了文件的运动过程和规律，最终形成了文件管理的核心理论。

（一）文件生命周期理论的内涵

文件生命周期理论认为文件具有一定的生命周期，现行文件从其产生到最终销毁或永久保管是一个完整的生命运动过程。在这一过程中，由于文件价值形态的变化，又可以划分为若干个阶段。文件在每一个阶段因价值形态的不同，保存场所、管理方式及服务对象也不同。文件的价值形态与其保存场所、管理方式及服务对象之间存在内在的对应关系。

（1）文件从其形成到销毁或永久保存，是一个完整的生命运动过程。文件的产生、流转，办理完毕后归档保存或销毁，最终移交档案馆永久保存的过程是一个前后衔接、连续统一的生命运动过程。

（2）由于文件价值形态的变化，这一生命过程可划分为若干阶段。文件的生命运动具有阶段性特征，从文件价值形态的变化出发，中外档案界一般将文件生命运动的生命阶段划分为现行阶段、半现行阶段和非现行阶段三个阶段。

（3）文件在每一个阶段因其具有不同的价值形态，而体现为不同的服务对象、保存场所和管理方式。现行阶段的文件具有现行效用，处于机关文件的流转过程中，等文件承办完毕以后，则需要根据其价值大小决定是否归档保存或销毁。归档保存的文件进入半现行阶段，这一阶段的文件对本机关具有一定的参考作用，保存在本机关档案室或文件中心，主要为本机关服务，具有过渡性。文件在机关档案室或文件中心保存若干时期以后，经过鉴定，将其中具有永久保存价值的文件移交档案馆。进入档案馆永久保存的文件进入非现行阶段，非现行阶段的文件对形成机关已经丧失了最初的原始价值，而主要体现为对整个社会的价值。

文件在历经三个阶段的生命运动过程中，其对本机关的原始价值（对本机关的行政、财务、法律等价值）和对本机关之外的其他利用者的档案价值（证据价值和情报价值）出现了此消彼长的变化。在现行阶段，文件主要发挥对机关的现行效用，在机关部门间流转，直到办理完毕，文件主要体现为原始价值；在半现行阶段，部分文件最初仍然具有较高的原始价值，但随着时间的推移，原始价值逐渐衰减，部分文件的档案价值开始逐渐显现；在非现行阶段，文件的原始价值丧失而档案价值突出，文件为社会各界服务。随着文件原始价值的削减和档案价值的增加，文件的保管场所对应地发生了变化。从机关内部到文件中心（或档案室），最终移交到档案馆。文件的服务对象也逐渐由内向外，同时，服务方式经历了一个从封闭到开放的过程。

（二）文件生命周期理论的价值

文件生命周期理论对于传统档案管理的理论指导意义是不言而喻的，它从理论上科学地阐释了文件中心存在的合理性，奠定了文件的分阶段管理以及文件的全过程管理的理论基础。对于电子文件管理而言，文件生命周期理论虽然在一些细节问题上存在一定的不足，但仍然具有宏观上的理论指导价值。这是因为，文件生命周期理论是对文件运动规律的客观描述，电子文件具有文件的基本属性，它在载体形式和生成环境方面虽然具有特殊性，但仍然要历经从产生到销毁或永久保存的整个生命周期，电子文件的运动仍然具有一定的阶段性，只不过各阶段的界限模糊，运动特点发生了变化，此外，电子文件的价值形态与相关因素的对应关系虽然已经弱化，但并不是绝对消失。文件连续体理论修正和发展了文件生命周期理论的某些细节，使其适用于电子文件的管理。

关于文件生命周期理论与文件连续体理论的关系众说纷纭。但有一点可以肯定，文件生命周期理论是文件连续体理论产生的基础和源泉，后者是对前者的修正和发展。在电子文件时代，文件生命周期理论的某些细节可能需要补充和修改，但仍然具有十分广泛的理论指导意义。

二、档案鉴定理论

档案鉴定是档案工作的重要内容之一，鉴定工作决定档案的保管期限和存毁命运。鉴定（appraisal）是根据文件的档案价值来决定如何对其进行最后处置的档案工作基本职能，也称为 evaluation（评价）、review（审查）、selection（选择）、selective retention（选留）。从法国大革命至今，近现代档案鉴定理论大体走过了如下几个发展时期：第一个时期自1789 年法国大革命至 19 世纪末，为国家颁布和实施档案鉴定规章，档案鉴定理论酝酿准备时期；第二个时期自 20 世纪初至 20 世纪二三十年代，为档案鉴定理论的初步探索时期；第三个时期自 20 世纪中期至 20 世纪 70 年代末，为档案鉴定理论走向成熟时期；第四个时期自 20 世纪 80 年代初至今，为档案鉴定理论进一步发展时期。从 19 世纪末至今，西方产生的比较著名的档案鉴定理论主要有年龄鉴定论、职能鉴定论、双重价值鉴定理论、行政官员鉴定论、利用决定论、社会分析与职能鉴定理论（宏观鉴定理论）。

第四节 档案管理人员素质提升

"档案管理工作整体水平的提高关键在于人才素质的提升。①"通常可以采取以下措施：

第一，加强政治理论学习，提高政治素养。档案管理相关部门应加强对档案管理人员的思想政治教育，不断提高档案管理人员的政治觉悟，提升档案管理人员对档案工作的理解，让其认识到档案工作对国家和社会的重要意义。档案管理人员要认真学习政治理论，贯彻执行党的路线、方针、政策，不断提高自身的政治素养，全心全意为人民服务。

第二，加强法律法规学习，树立保密意识。档案管理人员要认真学习相关法律法规，自觉加强法律意识和法治观念。档案管理工作是一项非常严谨的工作，出现一点差错就可能造成极其严重的后果，所以档案管理人员在工作中一定要细心，并且严格按照法律法规及各项规章制度的规定进行档案管理。与此同时，档案管理相关部门应加强相关法律法规的宣传力度，通过电视媒体、微博、微信公众号等多种方式，让档案管理人员知法、懂法、守法，让档案提供及档案利用人员遵守相关的法律法规，并且做到有法必依、执法必严、违法必究。

第三，加强学习与交流。加强档案管理人员的学习与交流是提升其专业技术水平、工作能力的重要途径。档案管理相关部门应积极为档案管理人员创造多种形式的培训和交流机会，让档案管理人员通过专业的培训改进工作方式，通过接触新技术和新思路，拓宽自己的视野。与此同时，加强档案管理人员职业道德的教育也必不可少。档案管理相关部门要通过对档案管理人员的职业道德教育，明确哪些事情是必须去做的，哪些行为是必须杜绝的。要让档案管理人员在学习中认识到自身的责任和使命，做到诚实守信，树立爱岗敬业、乐于奉献的精神。档案管理人员不仅要积极参加培训，也应当不断养成自主学习的意识。要通过网络、书籍等多种形式加深对档案管理专业知识的理解，与身边经验丰富的同事交流，多请教档案管理领域的专家。档案管理人员一定要把学到的知识运用到实际中，不断实践，加强专业技术，提高综合素质。

第四，制定合理的绩效考核制度。制定合理的绩效考核制度以及完善的激励机制是档

---

① 邵在玲：《浅谈档案管理人员的个人素质》，载《中国成人教育》2010年第14期，第36页。

案管理人员素质提升的有效措施。通过多方面的评定、考核对档案管理人员进行全面的评价，秉着公平、公正、公开的态度，对成绩优秀的管理人员进行奖励，对成绩不合格的管理人员进行惩罚，这不仅会对档案管理工作起到监督作用，还能在一定程度上提高档案管理人员对工作的积极性。绩效考核制度的制定一定要符合实际，考核标准不能过高也不能过低，并且在绩效考核的执行过程中一定要严格，不能浮于形式。另外，激励制度的制定也要合情合理，奖惩措施一定要公开透明，不可因私而奖惩某一个或几个人，造成档案管理人员心理失衡，从而造成档案管理人员之间的恶性竞争。

第五，与时俱进，不断创新。档案管理人员需要不断加强自身创新意识的培养，与时俱进、开拓创新，及时发现问题、解决问题。随着时代的发展和进步，档案管理相关部门要不断完善各项档案管理相关的法律法规、规章制度，应对提供虚假档案信息以及私自篡改档案内容等违法行为，加大处罚力度。档案管理人员在创新的道路上也要不断学习，在实践中积极探索档案管理的新思路、新技术、新方法，提高创新能力，这样才能促进档案事业的可持续发展，让档案事业更好地为国家和社会服务。

档案管理工作对于国家和社会来说是一项不容忽视的重要工作，其管理质量与档案管理人员的素质息息相关。若想档案事业能够持续健康地发展，档案管理部门就必须与时俱进，不断完善相关的法律法规及规章制度，为档案管理人员创造培训与交流的机会。档案管理人员在工作和生活中也必须主动学习，开拓创新，不断提高自身的综合素质和能力。相信通过档案管理部门以及档案管理人员的共同努力，档案管理人员的综合素质一定会得到提升，档案事业的发展一定会出现质的飞跃。

第二章 档案管理工作的业务流程

第一节 档案的收集归档和整理

一、档案的收集归档

"档案收集在档案管理工作中处于基础地位,它为档案工作提供了实际的管理对象。①"

档案收集工作是指按照国家有关规定、制度和方法,将分散在各单位或各单位内部机构和个人手中的档案以及散失在国内外的档案,有计划地分别集中到有关档案室和各级各类档案馆,实行集中统一管理。档案收集工作的内容,可以分为两个部分,即档案室的档案收集工作和档案馆的档案收集工作。档案室的收集工作主要是指档案室对本单位需要归档的文件材料的接收。

档案收集工作的基本要求是:丰富和优化馆(室)藏,加强馆(室)外调查和指导,积极推行入馆(室)档案的标准化,保持全宗和全宗群的完整性。丰富和优化馆(室)藏是档案收集工作首先必须树立的指导思想。丰富和优化馆(室)藏具体是指:①数量充分,就是要求各级各类档案馆(室)尽可能地收集和补充档案的数量;②质量优化,就是要求收存的档案达到一定的质量标准,具有重要的价值;③成分充实,就是要求档案部门在收集时要顾及档案的不同种类、不同载体、不同来源和不同内容等多种因素;④结构合理,就是在档案的来源和内容等方面的合理配置,各种档案门类要齐全,对照片、音像、电子档案以及实物等均应纳入收集范围。

---

① 关丽萍:《浅谈档案的收集与整理》,载《兰台世界》2017年第1期,第50页。

（一）档案室的收集归档工作

1. 档案室档案收集的范围

机关、企事业单位档案室档案的收集范围主要包括：本单位工作活动中形成的各种门类和载体的全部档案，这是档案室收集档案的主要来源；与本单位业务工作有关的资料；代管与本单位有关的撤销或合并机构的档案。

2. 档案室的平时收集工作

平时收集是指档案室在执行归档制度之外对零散文件的收集。

（1）"账外"文件的收集。"账外"文件是指未经单位文书部门登记入账，在收、发文登记簿上无"账"可查的文件。"账外"文件主要有：本单位召开的各种会议文件材料；本单位领导人和业务人员外出开会或参观学习考察等活动中获取的文件材料；外单位直接寄发给领导人"亲启"的文件或直接给部门和有关人员的文件材料；本单位内部各种规章制度、统计数字材料等。

（2）专业文件的收集。专业文件是指在各项专业活动中形成的文件和特殊载体的文件材料。档案室在重视对文书档案、科技档案收集的同时，还应重视对各种专业文件的收集；在重视对纸质文件收集的同时，还应健全归档制度，重视对音像等其他载体文件的收集，确保档案室保存的文件门类齐全。

（3）零散文件的收集。零散文件的形成原因主要有两个方面：一是某些单位由于归档制度未建立或归档制度执行不严，致使文件材料分散保存在内部机构、领导人或业务人员手中，特别是未经收发室登记的文件和某些内部文件；二是由于机构调整、人员变动或发生搬迁、灾害等特殊情形，使归档文件不齐全、不完整。

3. 档案室档案的归档制度分析

（1）归档制度的必要性分析。各单位在工作活动中产生的文件材料办理完毕后，不得由承办部门或个人分散保存，必须由文书部门或业务部门系统整理，定期移交给本单位档案室集中管理，这就是归档。在我国，归档是党和国家明文规定的一项制度，并且以法律的形式固定下来，这就是通常所说的归档制度。归档制度是档案室收集工作的重要内容和最基础的工作，建立健全归档制度能够确保档案室档案来源的连续性，为国家积累档案财富提供重要保证。

（2）归档制度的主要内容。归档制度包括归档范围、归档时间、归档要求和归档手续等内容。

1）归档范围。归档范围是指一个单位产生的所有文件中需要归档的部分。根据国家规定，凡是反映本单位工作活动、具有查考利用价值的各种形式和载体的文件材料均属归档范围。

2）归档时间。归档时间是指文书处理部门或业务部门将需要归档的文件材料向档案室移交的时间。定期归档又分为下面几种情况：

第一，按项目结束时间归档。它适用于形成周期不长的科技文件材料，如专业性技术会议、学术会议的文件材料，一般应在会议结束后及时整理归档。

第二，按子项目结束时间归档。它适用于大型项目或研究课题，其设计、施工和研制周期较长，且每个项目往往由若干子项目组成，这些子项目各自相对独立，工作进展往往不一致，分别归档有利于整个项目的正常进行和科技档案的完整系统。

第三，按工作阶段归档。它适用于活动周期较长的科技、生产项目形成的文件材料，如按可行性研究阶段、初步设计阶段、施工图或工作图设计阶段分别进行归档。

第四，按年度归档。它适用于活动和形成周期较长，依年度比按阶段归档更适合的科技项目形成的文件、某些自然观测活动中形成的科技文件、应作为科技档案保存备查的科技管理性文件材料。

3）归档要求。归档要求具体有以下方面：第一，归档的文件要齐全、完整，即归档文件材料应做到种类齐全、份数完整，每份文件不缺张少页。第二，归档文件要系统条理，归档文件材料要按不同特征结合不同保管期限进行整理，组成一个具有内在联系、能够反映单位活动的基本面貌，便于保管和利用的保管单位。保管单位可以是单份文件，也可以是案卷。第三，归档文件要进行基本的编目，要依次编定页号或件号。以卷为单位，则须逐件填写卷内文件目录和卷末备考表。案卷装订后，按规定逐项准确填写案卷封面，并对案卷进行排序，编制案卷移交目录并且一式两份。

4）归档手续。归档手续是指文书部门或业务部门在向档案室移交档案时应履行的手续。档案交接双方应当根据档案移交目录清点核对，确认无误后，方可履行签字手续。移交目录一般一式两份，交接双方各存一份。

4. 档案室档案归档的监督与检查

（1）对文件的形成与积累应进行督促和指导。档案室有责任对文书处理工作制度、文件的用纸、书写格式和书写材料等方面存在的问题，向领导和业务部门反映情况，提出意见和建议，力求自上而下明确有关规章制度，对文件的形成建立有效的保障机制，以保证归档文件的完整。档案室的工作人员不仅要通过推行归档制度将已经形成的文件收集齐全，而且要督促和指导文书部门或业务部门文件的形成与办理过程中的各种情况。

（2）指导、协助文书部门或业务部门做好归档工作。档案室应指导、协助文书部门或业务部门做好文件材料归档前的准备工作：第一，协助选择正确的归档部门。选择归档部门即归档工作放在单位内哪一级机构，由谁负责归档。一般而言，归档工作应与文件工作的组织形式相适应。第二，划定科学的归档范围。为了避免重复归档和防止遗漏文件，档案室还必须协助文书处理部门划定科学的归档范围，明确单位和单位之间、单位内部机构之间的分工，特别对于分散归档的单位，一定要确定各部门归档范围，做到分工明确。第三，协助编制归档类目。归档类目又称为"预归档"，是在文件尚未形成之前，事先编制的归档计划。归档类目通常是由文件形成部门、单位档案室、文件承办人员和秘书部门共同在当年初或上半年，按照归档的要求和方法及预计可能产生的文件种类而拟制的详细而具体的归档工作方案。

（3）对档案质量进行检查。文书部门或业务部门整理结束后，档案室应全面检查预归档文件的整体质量，如应当归档的文件数量和种类是否收集齐全，内容是否全面反映单位的主要工作活动，保管期限是否划分准确，编制的目录是否符合国家有关标准和要求。

（二）档案馆的收集归档工作

1. 档案馆档案收集的范围

档案馆档案的来源主要有接收现行单位的档案、接收撤销单位的档案、征集社会散存的档案。必要时，档案馆之间还要开展交换档案的活动。

（1）各级综合档案馆的档案收集范围。第一，依法接收本级下列组织机构的档案：中国共产党委员会及所属各部门；人民代表大会及其常设机构；人民政府及其所属各部门和单位；人民政协及其常设机构；人民法院、人民检察院；各民主党派机关；工会、共青团、妇联等人民团体；国有企业、事业单位。第二，可全部或部分接收以上机构的下属单位和临时机构的档案。第三，乡镇机构形成的档案列入县级综合档案馆接收范围。第四，中华人民共和国成立前本行政区内各个历史时期政权机构、社会组织、著名人物的档案。第五，本行政区内重大活动、重要事件形成的档案，涉及民生的专业档案。第六，经协商同意，综合档案馆可以收集或代存本行政区内社会组织、集体和民营企事业单位、基层群众自治组织、家庭和个人形成的对国家和社会有利用价值的档案，也可以通过接受捐赠、购买等形式获取。

（2）各级部门档案馆的档案收集范围。各级部门档案馆，收集本部门及其直属单位形成的档案，但其中履行行政管理职能的档案，要按有关规定定期向综合档案馆移交。

（3）各级专门档案馆的档案收集范围。各级专门档案馆，收集本行政区内某一专门领域或特定载体形态的专门档案或档案副本。

（4）国有企业、事业单位设立的档案馆的档案收集范围。国有企业、事业单位设立的档案馆，收集本单位及其所属机构形成的档案。国有企业发生破产、转制，事业单位发生撤销等情况，其档案可按照有关规定由本级综合档案馆接收。

各档案馆还要适应信息化建设的需要，收集电子档案和纸质档案的数字化副本。有条件的档案馆应根据国家灾害备份的要求，建立电子文件备份中心，开展电子文件备份工作。档案馆在收集档案时，应同时收集有助于了解档案内容、立档单位历史的资料，收集有助于管理和利用档案所必需的专用设备。各级各类档案馆要根据规定制定本馆的收集档案范围细则和工作方案，并报经上级档案行政管理部门同意后方可施行。

2. 档案馆档案的接收要求与期限

（1）档案馆档案的接收要求。为保证接收工作的顺利进行，档案馆在接收档案时，一般应符合如下要求：第一，档案收集完整。进馆档案应按全宗整理，保持全宗的完整性。一个全宗范围内文书档案、科技档案、音像档案和实物等各种门类和载体的档案应作为一个整体，统一移交给一个档案馆。第二，限制利用意见明确。对自形成日期满30年仍能对外开放的档案，各有关单位应在移交时提出明确的控制利用意见。政府信息公开部门对移交档案中涉及政府信息的，书面告知其原有公开属性。第三，档案整理编目规范。档案由有关单位收集齐全并按规定进行系统整理。第四，档案检索工具齐全。接收立档单位档案的同时，应将其编制的组织沿革、全宗介绍、案卷目录等有关检索工具以及与全宗相关的各种资料一并接收。第五，清点核对手续完备。档案移交时，交接双方必须根据移交目录清点核对无误，并在交接文据上签字盖章，一式两份分别由双方单位保存。

（2）档案馆档案的接收期限。为了保证国家档案馆馆藏档案有稳定而可靠的来源，同时也为保证国家档案得到安全保管和有效利用，各机关、团体、企事业单位和其他组织，应当按规定定期向有关国家档案馆移交档案。但对于专业性较强或者需要保密的档案，立档单位经同级档案行政管理部门检查和同意，可以延长向有关档案馆移交的期限。对于已撤销单位的档案或者由于保管条件恶劣可能导致不安全或者严重损毁的档案，可以提前向有关档案馆移交。列入综合档案馆收集范围，依法可以随时向社会开放的档案，可以提前向综合档案馆移交。

3. 档案馆档案的收集方式

一般而言，档案馆对档案的收集方式主要有两种：逐年接收和定期接收。逐年接收即每年接收一次档案，定期接收就是每隔一定时期（3 年、5 年）接收一次。但是，档案馆对科技档案的收集方式有所不同，实行相关单位主送制和科技档案补送制。

（1）相关单位主送制。对于普通文书档案而言，应按要求将其中具有永久和长期保存价值的所有档案都移交进馆。科技档案则不采取这种普遍接收进馆的制度，而是实行相关单位主送制，即对不同种类及不同项目的科技档案，按照国家有关规定，分别确定报送单位，主送单位报送档案中的不足部分由其他有关单位补充移交。

（2）科技档案补送制。建立补送制的目的，是及时反映进馆档案所涉及的科技、生产项目的发展、变化情况，保持馆藏科技档案的完整性和准确性。例如，进馆档案所反映的基建项目进行重大改建、扩建，产品改型、换代等，在这些情况下，原移交单位要向档案馆补送相关的科技档案。

（3）协作项目科技档案的收集。任何一个科技协作项目，都有主持单位和参加单位，参加单位可能很多，但主持单位一般只有一个，因此，要以主持单位为收集主渠道，负责协作项目科技档案的归档和移交工作。具体做法如下：各参加单位负责将各自承担任务中形成的科技文件材料收集齐全，经鉴别整理，按一定手续移交给主持单位；由主持单位将该项目中形成的全部科技文件材料进行系统整理，统一向科技专业档案馆移交。当本单位只是该协作项目的参加单位时，应将有关参与部分的科技文件材料按要求整理归档，如需要收集该档案，可向主持单位提出要求，以复制件形式进行收集。

4. 机构发生变动时档案的接收工作

近年来，随着政治、经济、文化等组织机构和体制的改革，以及行政区划变动等原因，不少机构发生变动。机关、国有企事业单位一旦撤销或发生变动，各档案部门应按照相关规定对档案做好妥善处理。

（1）机关撤销或合并时档案的接收。

第一，撤销机关的档案，应当由撤销机关负责整理和鉴定，并按规定将全部档案移交给有关档案馆或由主管机关代管。

第二，一个机关撤销后，如果业务分别划归几个机关的，其档案材料不得分散，应当作为一个整体由其中一个机关代管或向有关的档案馆移交，以保持全宗的完整性。

第三，一个机关并入另一个机关或几个机关合并为一个新的机关，其档案材料应作为一个独立的全宗由合并后的新机关代为保管，或直接向有关的档案馆移交。

第四，一个机关内一部分业务或者一个部门划归另一个机关，其档案材料不得从原全宗中抽走并带入接收机关，如果接收机关需要利用，可通过借阅或复制等方式协商解决。

第五，机关撤销或合并时，如果留有尚未处理完毕的文件材料，可以移交给新的机关继续办理，并作为新的机关的档案加以整理和保存。

第六，一个机关改变了领导关系，在其工作活动中形成的全部档案仍属原来的全宗，实行集中统一管理。

第七，各种临时工作机构撤销时，其档案应向有关主管机关或档案馆移交。

（2）国有企业资产与产权变动时档案的处置与接收。

国有企业档案是国有企业全部活动的真实记录和宝贵财富，是企业资产的依据和凭证，属国家所有。

第一，国有企业资产与产权变动档案的处置，原则上分类进行：基建档案、设备仪器档案随其实体归属；产品、科研档案（其中含专利、商标、专有技术等档案）按有关政策法规办理，没有规定的由双方商定处理；会计档案按财政部、国家档案局《会计档案管理办法》执行；生产技术管理、经营管理档案由双方商定，可移交接收方，亦可随党群工作、行政管理档案移交企业主管部门或寄存所在地国家档案馆。法律、行政法规有特殊规定的，依照法律、行政法规的规定处理。

第二，国有企业之间兼并的，被兼并企业的档案归属于兼并企业或新设置的企业，由兼并方统一管理，单独保存。国有企业与国有企业合并，其档案处置按国有企业之间兼并的档案处理办法办理。

第三，国有企业被集体、私营和中外合资、合作等非国有企业兼并的，其党群工作、行政管理、生产技术管理、经营管理类档案按隶属关系移交企业主管部门或寄存所在地国家档案馆，也可由企业主管部门或所在地档案行政管理部门指定有关的企业代为保管。

第四，军工企业被非军工企业兼并，属国家机密的档案，由其行业主管部门决定其归属。

第五，国有企业依法实行破产中暂无去处的档案，应移交企业主管部门或所在地国家档案馆。

第六，国有企业整体出售给国有企业的，其全部档案归属于买方。国有企业整体出售给集体、私营和中外合资、合作等非国有企业的，其档案处置按第1）条规定办理。

第七，国有企业实行承包、租赁的，其档案处置列入双方合同契约。承包、租赁前该企业的全部档案由发包、出租方安全保管，承包、承租方可以按有关规定查阅利用；承包、租赁期间形成的档案，由承包、承租方按国家有关规定负责收集、整理、保管，承包、租赁期满，向发包、出租方移交，并拥有使用权。

第八，国有企业以其全部资产改组为股份制企业的，改组后的档案另立全宗，由股份制企业管理。国有企业以部分资产改组为股份制企业的，进入股份制企业的部分，其改组前后的档案分立全宗，由股份制企业管理；未进入股份制企业的部分，其档案由原企业自行管理。

第九，国有企业实行股份合作制的，其档案原则上由改制后新设立的企业管理，也可向企业主管部门或所在地国家档案馆移交。

第十，国有企业与外商合资、合作，由中方控股、中方管理的，其合资、合作前的档案属国家所有，可作为独立全宗，保管在新的企业，供其所用，国有企业的分厂、车间与外商合资、合作的，合资、合作前的档案属原企业；合资、合作后的档案另立全宗，合资、合作期满，终止合同，其档案由中方保存，根据外方需要，可以提供复制件。

5. 社会散存档案的收集工作

社会散存档案是指国家机构、社会组织和个人在历史上形成的、对国家和社会有保存价值的、尚在法定档案保管机构之外保存的档案。

社会散存档案的收集方式主要有两种，即接收和征集。具体通过正常接收、个人捐赠、委托档案馆保管，有偿征集或征购、相互交换等方法来展开。保存在有关单位的，按照现行单位和撤销单位档案交接方法，由有关单位负责向档案馆移交；个人保存的档案，主要依靠个人捐赠，即由个人主动地将其保存的档案捐赠给有关国家档案馆保存；档案馆在依靠个人捐赠的基础上，还可以适当采取一些有偿征集的方法，对个人保存的档案，经鉴别确有价值者，可以向个人支付适当报酬。档案馆对分散在个人手中可能导致严重损毁和存在安全隐患的档案，必要时采取征购的方法，使有关档案能集中到档案馆妥善保管，以确保档案的安全。

二、档案的整理

（一）档案整理工作的主要原则

档案整理工作应遵循保持文件之间的历史联系，充分利用原有基础，便于档案的保管和利用的原则。

文件之间的历史联系是指文件在产生和处理过程中所形成的联系，主要表现为文件在来源、时间、内容和形式等方面的联系。

充分利用原有基础，就是对已经整理的档案，只要有规可循、有目可查，应力求保持原先的整理结果和体系，不要轻易否定、随意重整。一般而言包含三种情形：在原有整理结果基本可用的情况下，维持原先整理状况不变，同时通过编制必要的检索工具来弥补其中的缺陷；某些整理结果明显不合理，可仔细研究，尽量在原来整理的体系内做局部调整；原有基础确实问题突出，严重影响了保管和利用，可以重新整理，但也应当尽可能吸收或保留其中的可取之处，包括原有的时间等标记。

便于保管和利用是档案整理工作的基本出发点和根本目的。在档案整理过程中，必须始终考虑是否便于保管和利用。

（二）档案整理工作的基本程序

档案整理工作，是指按照一定的原则对档案实体进行分类、组合、排列与编目，使之系统化的过程。档案整理工作从性质上可分为系统化和编目两个部分，具体包括：区分全宗、全宗内档案分类、类内文件组合、案卷排列与编目。档案整理工作的程序如下：

（1）系统排列和编目。在正常情况下，档案室接收的是文书部门和业务部门按照归档要求组合好的文件材料，而档案馆接收的是各个单位档案室按照进馆规范系统整理的档案。因此，对于档案室和档案馆来讲，档案整理工作只是在更大范围内对接收进来的档案做进一步调整。

（2）局部调整。档案馆（室）在日常管理工作中，要定期对所藏档案进行检查，发现明显不符合要求、确实影响保管和利用的档案，档案馆（室）有责任对不合理的整理状况进行局部的调整。

（3）全过程整理。档案馆（室）在收集档案过程中，出于种种原因，其中有些档案没有经过系统的整理，处于零乱状态，这就必须进行从全宗划分、组合、排列和编目的全过程整理工作。

第二节　档案的鉴定、保管和统计

一、档案的鉴定工作

（一）档案鉴定的内容与原则

1. 档案鉴定工作的基本内容

档案鉴定工作包括档案的价值鉴定和档案的真伪鉴定两个方面的内容。目前，档案界所称的档案鉴定主要是指档案的价值鉴定。档案价值鉴定工作就是各个档案机构按照一定的原则、标准和方法来鉴别和判定档案的价值，确定档案的保管期限，并据此销毁失去保存价值的档案的工作。档案价值鉴定工作的内容主要包括：制定鉴定档案价值的有关标准；具体判定归档文件的价值，确定其保管期限；审查保管期届满的档案，对确无保存价值的档案予以销毁；定期开展档案开放鉴定。

2. 档案鉴定工作的标准

档案鉴定必须从国家和人民的整体利益出发，用全面的、历史的、发展的观点判定档案的价值。同时，为保证鉴定工作的客观、可靠，必须建立明确的档案价值鉴定标准。档案鉴定的标准主要有来源、内容、相对价值和形式特征等几个方面。来源标准是指档案的形成者在社会上以及机关内的地位、作用和职能可能影响甚至决定档案的价值。档案内容是决定档案价值最重要的因素。内容标准主要是指档案内容的重要性、独特性和时效性。档案的相对价值标准，主要依据所存档案的完整程度、档案内容的可替代程度和各全宗之间档案的重复程度三个方面去判定。档案的形式特征是指文件的名称、文本、可靠程度、外形特点等，这些特征在某种程度上会影响到档案的保存价值。

总而言之，档案的价值是由各个方面因素所决定的，必须根据每份或每组档案的具体情况，从档案的内容着手，综合考察分析其来源、时间、形式等因素，全面判定档案的价值。

（二）档案鉴定工作的方法及程序

1. 档案鉴定工作的基本方法

鉴定档案价值的基本方法是直接、具体地审查档案，通常把这种方法称为直接鉴定法。直接鉴定法要求档案鉴定人员逐件逐页审查档案材料，从它的内容、作者、名称、可靠程度等方面，全面考查分析确定其价值。直接鉴定一般以案卷为基本单位进行，比如，一个案卷内存有不同保存价值的文件，而文件之间又有密不可分的联系，则以其中最重要的文件价值来确定保管期限，一般以不拆卷或个别拆卷的办法来处理。

2. 档案鉴定工作的主要程序

（1）归档鉴定。首先，由文书部门或业务部门在档案室指导下，制定本单位的《文件材料归档范围和保管期限表》。之后，剔除没有保存价值的不归档文件，再按照《保管期限表》对归档文件确定保管期限。

（2）档案室的鉴定工作。档案室的鉴定工作一般包括：对归档材料的初始鉴定的结果进行质量监控，检查所定的保管期限是否准确，对不符要求的部分做局部调整。同时，对保管期限届满的档案进行复查鉴定，重新审定其是否需要继续保存，对其中仍有保存价值的档案，重新划定保管期限，对于失去保存价值的档案，剔除并按规定销毁。

（3）档案馆的鉴定工作。档案馆的鉴定工作一般包括：对进馆档案的保存价值、整理质量和保护状况进行检查；对封闭期已满的档案进行开放和划控鉴定；对馆藏档案开展定级鉴定；对保存期满的档案做复查鉴定以确定存毁。

（三）档案的销毁工作

档案销毁是指将已失去保存价值的档案材料以特定的处理方式改变正常的物理载体形式，从而使其所携带的信息无法被还原的过程。

1. 档案的销毁清册工作

凡需销毁的档案，必须编制销毁清册。销毁清册是准备剔除销毁的档案的登记簿，也是日后查考档案销毁情况的凭据。

档案销毁清册封面上的项目有全宗号、全宗名称、立档单位名称、编制档案销毁清册单位名称和编制时间等。

销毁档案登记栏是档案销毁清册的主要部分，其主要项目有序号、案卷或文件题名、起止日期、号码（案卷目录号、案卷号或文件字号）、数量、销毁原因、备考等。具体项目可以根据具体情况进行增减。一般是以案卷为单位登记，必要时，也可以按文件登记。

档案销毁清册应以全宗为单位编制，每一清册至少应一式两份，一份留档案馆（室），一份送有关领导审查批准，如果要报档案行政管理部门备案，则需一式三份。

2. 档案销毁工作的审批

鉴定需要销毁的档案，应当编制销毁清册，办理批准手续。各单位需要销毁的档案，须经单位审核批准后施行；档案馆需要销毁的档案，须经鉴定委员会审核，报主管领导部门批准后施行；销毁 1949 年以前形成的档案，须经单位领导人或鉴定委员会审核，并同时报国家档案局批准。经办理审批手续后，须对需要销毁的档案检查准确无误方可实施。

3. 档案销毁工作的一般方式

档案可以送到指定造纸厂化成纸浆，这是销毁大批量纸质档案最为常用的一种方式；数量少而又具有机密性的档案应当先用碎纸机打碎再做处理；以磁带、磁盘、光盘等为载体的档案，可以采用物理删除、格式化或焚烧等方式销毁。无论采取何种方式进行销毁，都必须严格坚持两人以上监销的原则。监销结束，监销人员须在销毁清册上签字，并注明"已销毁"字样和销毁方式、销毁日期。已经销毁的科技档案，应在目录上注销，并对排列顺序进行相应调整。

二、档案的保管工作

（一）档案保管工作的基本内容

"档案的保管，指根据档案的成分和制成材料，所采取的存放和安全防护措施，防止和减少档案的人力或自然损坏的工作。[1]"档案保管工作的内容主要包括三个方面：

（1）档案库房管理。档案库房管理，即库房内对档案进行科学管理的日常工作，包括配置适宜安全保存档案的专门库房；档案库房与装具编号；档案排架存放；库房内温湿度控制与调节；防盗、防火、防尘、防有害气体等必要措施。

（2）档案流动过程中的保护。档案流动过程中的保护，即档案在各个管理环节中的安全防护，指从档案接收搬运开始，在整理、鉴定、利用和编研等工作过程中的保护。

（3）保护档案的专门措施。保护档案的专门措施，即为延长档案寿命而采取的各种专

---

[1] 常竹青，李玲，靳利敏：《谈档案保管过程中的保密》，载《山西档案》2006 年第 1 期，第 31-32 页。

门技术措施，主要包括复制、修裱、消毒、灭菌等措施，目的是延长档案寿命，便于档案长期保存和利用。

（二）档案保管工作应具备的物质条件

（1）档案库房。档案库房是档案保护的首要条件，是保存档案的最基本物质条件，各级各类档案馆（室）必须有适宜的保管档案的库房。作为中小型档案室，其用房一般由档案库房、档案阅览用房和档案人员办公用房组成。

（2）档案装具。档案装具主要有档案架、档案柜、档案箱三种。目前的档案装具中，活动式密集架在有效利用库房空间、坚固、密闭等方面具有较好的性能，其库容量比常规装具可提高80%以上。因此，密集架不失为现有最经济实用的档案存放设施，使用密集架是在荷载允许的条件下提高库容量、解决库房不足的有效途径。

（3）档案包装材料。目前，我国包装纸质档案的基本材料主要为卷皮、卷盒和包装纸三种，要求符合国家的有关规定，以利于档案安全保管。

（4）档案保管设备。档案保管设备主要是指在档案保管和保护中使用的机械、器具、仪器、仪表等技术设备。用于档案保管的技术设备种类很多，主要有去湿机、加湿器、空调、通风设备、温湿度控制仪、防火及防盗装置、灭火器、电视监控设备等。

（三）档案的存放方式及其次序管理

1. 档案的存放方式

在将档案放入档案架柜时，档案的存放方式一般有竖放和平放两种。大多数的档案馆（室）采用竖放方式，平放比较适宜于保管珍贵档案以及卷皮质软、幅面过大、不宜竖放的档案。

另外，科技档案尤其是底图和蓝图类档案的存放方式选择更应注意。底图应在特殊的底图柜中存放，其存放方式有两种：平放和卷放。平放方法能保证底图的平整，取放方便，但占用空间大；卷放方法能够节约空间，但取放不方便，容易造成底图的磨损。这种方法适用于特大特长幅面底图的存放。底图禁止折叠存放，以免出现折痕，影响图面的清晰度和准确度，并缩短其保管寿命。为保护底图不被撕破，可用胶纸通过压力机将底图四边包上。

蓝图纸张的机械性能比底图好，可以折叠。蓝图的折叠有一定的要求：一般以四号图纸幅面大小进行折叠，左面要留出装订线；折叠的图纸要向图纸正面以手风琴式方法折叠，不宜反折或卷筒式折叠；图纸的标题栏应露在右下角外面，以便查阅。折叠后的蓝图，若是不常查阅的，可以装订成册。不管是否装订，蓝图上所有的金属针都应去掉，以防生锈。折叠后的蓝图，存放在盒子里比较合适。蓝图柜可用一般的公文柜，在库房条件好的情况下，也可以用档案架。

2. 档案存放的次序管理

档案存放次序是指档案在库房及装具中的存放次序，目的是避免存放次序上的错乱，主要有两种方法。

（1）档案存放位置索引。档案存放位置索引是以表册或卡片的形式如实记录和反映档案在库房及装具中的存放次序情况。主要作用是便于档案人员迅速调归档案和其他日常管理，更有助于新手掌握情况，一般有两种编制方法：一是以全宗为单位编制的档案存放位置索引，即指明各个全宗的档案分别存放的具体库房和装具方位。二是以库房和装具为单位编制的档案存放位置索引，说明各个库房和装具存放档案的具体情况。一般来说，档案存放位置索引比较适合于档案馆和存有多个全宗的档案室。特别是第二种样式，可采用大型图表形式张贴或悬挂在库房入口，便于随时参阅。

（2）档案代理卡。档案代理卡又称"代卷卡"，是档案保管人员编制和使用的一种专门指明案卷去向的卡片。档案代理卡既可以有效防止档案放错位置的现象，又可作为档案人员统计、分析档案利用情况的数据。

三、档案统计工作的内容与步骤

（一）档案统计工作的基本内容

档案统计是指运用一系列的统计技术和方法，通过表册和数字的形式描述和分析档案工作中的各种现象、状态和趋势的工作过程。它是了解、认识和掌握档案工作总体情况的重要手段。保证统计资料的准确性、及时性和科学性是档案统计工作的基本要求。档案统计工作主要包括档案的基本登记和综合统计两部分。从统计对象来看，档案统计工作可分为两个方面：一是对档案实体及管理状况的统计；二是对档案事业组织与管理状况的统计。

（二）档案统计工作的步骤分析

档案统计工作的基本阶段包括三个步骤，即档案统计调查、档案统计整理和档案统计分析。

（1）档案统计调查。统计调查的基本形式有统计报表和专门调查两种。统计报表是各级档案行政管理部门和档案馆（室）按照统一的规定自下而上地向同级和上级档案行政管理部门定期报送的统计材料。统计报表往往带有专业性和强制性。作为统计报表的补充，专门调查是为了认识和解决某一专门问题而临时组织的调查，其目的是用以反映某一事物在一定时间内的发展水平和状态，所以往往采用的是一次性调查形式，一般可以分为普遍调查和抽样调查两种类型。

（2）档案统计整理。档案统计整理是档案统计工作的第二阶段，它是对经统计调查所获取的原始数据进行加工汇总等综合处理，使之规范化、系统化的工作。档案统计整理的具体方法有两种：统计分组和统计表。统计分组是档案统计整理中的一个重要方法，是对统计对象和有关数据按某种特征或标准进行分类，然后将各组内的统计对象和数据进行排列、汇总，从而说明各类现象的质的特征与发展规律。统计表就是把档案统计调查得来的原始数据进行汇总时的一种工具和表述方式。

（3）档案统计分析。统计分析是档案统计工作的最后阶段。通过对各级档案部门的工作进行分析和比较，可以更好地了解和掌握档案工作的规模、水平和发展趋势，从而充分发挥档案在国家经济社会发展中的作用。档案统计分析主要有对比分析、静态分析、动态分析与综合分析等方法，其他还有相关分析、因素分析、专题分析与系统分析等。各单位可以根据统计工作的任务和目标选用合适的统计方法。

第三节　档案的著录与标引

一、档案的著录工作

档案著录是档案馆（室）编制档案检索工具时，对每份文件、每个案卷的内容和形式特征进行分析、选择和记录的过程。所谓内容特征，是指对文件或案卷主题的揭示，包括档案的题名、主题词、分类号等；所谓形式特征，是指文件或案卷的实体形式、文字表述形式、载体形态及文件的时间、责任者等有关特征。档案著录所遵循的方法称为著录规则。档案著录规则是在编制档案目录时，对档案的内容和形式特征进行描述以形成条目的技术规定。《档案著录规则》规定了单份或一组文件、一个或一组案卷的著录项目、著录格式、标识符号、著录用文字、著录信息源及著录项目细则。

（一）著录项目的基本内容

著录项目是揭示档案内容和形式特征的记录事项。档案著录项目共分七项，每项分若干著录单元（小项）。其中有"＊"号者为选择著录项目或单元（小项）。

（1）题名与责任说明项：正题名、并列题名＊、副题名及说明题名文字＊、文件编号＊、责任者和附件＊。

（2）稿本与文种项：稿本＊和文种＊。

（3）密级与保管期限项：密级＊和保管期限＊。

（4）时间项。

（5）载体形态项：载体类型＊、数量及单位＊和规格＊。

（6）附注与提要项：附注＊和提要＊。

（7）排检与编号项：分类号、档案馆代号＊、档号、电子文档号、缩微号和主题词或关键词。

（二）著录项目的标识符

1. 著录用标识符

为识别各著录项目、单元（小项）及其内容添加如下规定的标识符：

"—"置于下列各著录项目之前：稿本与文种项、密级与保管期限项、时间项、载体形态项、附注项。

"＝"置于并列题名之前。

"："置于下列各著录单元之前：副题名及说明题名文字、文件编号、文种、保管期限、数量及单位、规格。

"／"置于第一个责任者之前。

"；"置于多个文件编号之间、多个责任者之间。

"，"用于相同职责、身份省略时的责任者之间或同一责任者的不同职责、身份之间。

"＋"置于每一个附件之前。

"［　］"置于下列著录内容的两端：自拟著录内容、文件编号中的年度、责任者省略时的"等"字。

"（　）"置于下列著录内容的两端：责任者所属机构名称、责任者真实姓名、责任者职责或身份、外国责任者国别及姓名原文、中国责任者时代、历史档案中的朝代纪年、农历、地支代月、韵目代日转换后的公元纪年。

"？"用于不能确定的著录内容，一般与"［ ］"号配合使用。

"－"用于下列著录内容之间：日期起止和档号、电子文档号、缩微号各层次之间。

"……"用于节略内容。

"□"用于每一个残缺文字和未考证出时间的每一数字。未考证出的责任者及难以计数的残缺文字用三个"□"号。

2. 著录用标识符使用说明

（1）除"题名与责任说明项、排检与编号项"外，各项目连续著录时，其前均冠"．—"。如需回行，不可省略该标识符。但各项目另起段落著录时则可省略该标识符。

（2）"．—"符占两格，在回行时不应拆开；"；"和"，"各占一格，前后均不再空格。

（3）如某个项目缺少第一个单元（小项）时，应将现位于首位的单元原规定的标识符改为"．—"。

（4）凡重复著录一个项目或单元时，其标识符也需重复。

（5）不著录的项目或单元，其标识符应连同该项目或单元一并省略。

（三）著录条目格式分析

（1）段落符号式条目格式。

分类号　档案馆代号

档号　电子文档号　缩微号

正题名＝并列题名：副题名及说明题名文字：文件编号/责任者＋附件．—稿本：文种．—密级：保管期限．—时间．—载体类型：数量及单位：规格．—附注

提要

主题词或关键词

段落符号式条目格式将著录项目划分为四个段落。第一段落中分类号、档号分别置于条目左上角的第一、二行，档案馆代号、缩微号分别置于条目右上角第一、二行，电子文档号置于第二行的中间位置。第二段落从第三行与档号齐头处依次著录题名与责任说明项、稿本与文种项、密级与保管期限项、时间项、载体形态项、附注项，回行时，齐头著录。第三段落另起一行空两格著录提要，回行时与第一、二段落对齐。第四段落另起一行

齐头著录主题词或关键词，各词之间空一格。

（2）表格式条目格式。实际工作需要使用表格式条目时，其著录项目应与段落符号式条目相同，其排列顺序可参照段落符号式条目的排列顺序。

（3）无论著录对象为单份文件、单个案卷还是一组文件或一组案卷，均按上述格式依次著录。

（4）著录条目的形式为卡片式时，卡片尺寸一般为 12.5 cm×7.5 cm，著录时卡片四周均应留 1 cm 的空隙，如卡片正面著录不完，可接背面连续著录。

（四）著录文字的要求

（1）著录用文字必须规范化。

（2）汉字应使用规范化的简化汉字。外文与少数民族文字应依照其文字规则书写。

（3）文件编号项、时间项、载体形态项、排检与编号项中的数字应使用阿拉伯数字。

（4）图形及符号应照录，无法照录的可改为其他形式的相应内容，并加"［］"号。

（五）著录信息来源的要求

（1）著录信息来源于被著录的档案。

（2）单份或一组文件著录时主要依据文头、文尾。

（3）一个或一组案卷著录时主要依据案卷封面、卷内文件目录、备考表等。

（4）被著录档案本身信息不足时，可参考其他相关的档案资料。

二、档案的标引工作

档案标引是指对文件或案卷进行主题分析，把自然语言转换成规范化检索语言的过程，即对主题分析的结果给予检索标识的过程。给予文件或案卷以分类号标识的过程称为分类标引；给予文件或案卷以主题词标识的过程称为主题标引。

（一）档案主题标引的方法

1. 主题分析

主题分析是主题标引的基础，通过对档案的内容特征进行分析，准确提炼和选定主题概念。

（1）审读档案。通过审读档案，了解和判断档案所反映的中心内容和其他主题因素。

阅读题名：文件和案卷的题名是对档案内容的概括。在题名准确反映档案中心内容的情况下，阅读题名是分析、提炼主题的一条捷径，但题名不能作为提炼主题概念唯一的依据。浏览全文：在档案无题名或题名不能全面、准确地反映档案主题时应浏览全文。浏览全文应注重了解题名未能反映的主题和深层次主题，发掘隐含主题。浏览全文重点是阅读全文的开头、结束语、段落题名，必要时阅读批语、摘要、简介、目次、图表、备考表等内容。

（2）确定主题类型。主题的类型可以分为单主题和多主题两种。单主题包括单元主题和复合主题（多元主题），多主题则由几个单主题组成。

（3）分析主题结构。任何主题都是由一定的主题因素构成的。构成主题的因素一般可以分解为五种：主体因素（反映文件主题内容的关键性概念）、通用因素（对主体因素起补充和限定作用的通用概念）、位置因素（文件所记述对象的空间和地理位置概念）、时间因素（文件所论述对象存在的时间概念）、文种因素（文件类型和形式方面的概念）。在档案标引中，主体因素是最重要的，必须标出，其他因素酌情标引。

（4）主题概念的选定。在审读档案题名或全文的基础上，提炼选定出一个或若干个表达档案主题的自然语言主题概念。选定主题概念的原则如下：第一，选定的主题概念应是档案中论述的问题；第二，选定的主题概念应具有实际检索意义；第三，选定的主题概念应能全面、准确地表达档案主题。

2. 选词标引

选词标引是对档案主题分析出的概念给予主题词标识的过程。

（1）在主题分析中选出的主题概念，应转化成档案主题词表中的主题词（正式主题词）进行标引，书写形式应与词表中的词形相一致，非正式主题词不能作为标引词使用。

（2）标引词应选用档案主题词表中与档案主题概念直接相对应的、专指的主题词。

（3）当词表中没有与档案主题概念直接相对应的专指主题词时，应选用两个或两个以上的主题词进行组配标引。

第一，组配应是概念组配。概念组配包括以下两种类型：一种是交叉组配，即同级词组配，指用两个或两个以上具有概念交叉关系的同级主题词组配表达其相应的下位概念。例如《关于组建钢铁联合企业的通知》，用"钢铁企业"和"联合企业"两个具有交叉概念的主题词组配标引，来表达"钢铁联合企业"这一专指概念。另一种是方面组配，即限定组配，指由一个表示事物的主题词，与另外一个或几个表示事物某种属性或某个方面的主题词组配表达相应的下位概念。例如《高考制度改革方案》，用"高考"来限定"教育改革",从而表达了"高考制度改革"这一专指概念。

第二,组配标引时,优先考虑交叉组配,然后考虑方面组配。

第三,应选用与档案主题概念关系最密切、最邻近的主题词进行组配,不能越级组配,即不能用其上位或下位主题词组配。如《高考制度改革方案》标引词中,只能用"教育改革",而不能用其上位词"改革"或其下位词"教学改革"进行组配。

第四,组配结果所表达的概念应清楚、确切,只能表达一个主题概念。

第五,为避免多主题虚假组配造成误检,可以加联系符号区分每个问题。其做法是:在主题词后用数字1. 2. 3. ……表示分组符号,数字相同的主题词是一组相关联的组配概念。数字中的"0",称为共同联号,表示该主题词可以和该档案中标引的任何一个主题词进行组配。例如,《关于安阳县棉花播种与玉米田间管理的情况报告》标引为"棉花1""播种1""玉米2""田间管理2""安阳县0"。

第六,当某一主题概念在词表中有组代主题词(先组复合词)时,应选用规定的组代主题词,不应另选其他主题词进行组配标引。

(4)当某一主题概念在词表中查不到专指的主题词,也无法通过组配标引来表达该主题概念时,可以采用靠词标引。靠词标引有以下两种:①用上位概念主题词进行靠词标引。依据词族索引选用最直接的上位概念主题词进行标引,不应使用越级上位主题词标引。②用近义词进行靠词标引。依据范畴索引选用与主题概念含义最相近的主题词进行标引。

(5)关键词标引又称增词标引。关键词是主题词表以外的、未经规范化处理的自然语言词。使用关键词标引应严格控制。

第一,下述情况可以采用关键词标引:一是某些概念采用组配其结果出现多义时;二是某些概念虽可以采用靠词标引,但当这些概念的被标引频率较高时;三是词表中明显漏选的词,包括词表中未收录的地名、人名、机构名、产品名等专有名称;四是表达新生事物的词。

第二,关键词应尽可能选自其他词表或较权威的参考书、工具书,选用的关键词应达到词形简练、概念明确、实用性强。

第三,使用关键词标引后,应有记录,并反馈到所用档案主题词表的管理部门。

(6)一个标引对象,标引用词一般有2~10个。

（二）档案分类标引的方法

1. 分类标引基本规则

（1）档案分类标引的依据是以国家机构、社会组织从事社会实践活动的职能分工为基础，结合档案记述和反映的事物属性关系，并兼顾档案的其他特征。分类标引时，应对档案文件进行周密的主题分析，把握所论述的对象，准确地给予分类标识。

（2）档案分类标引应依据《中国档案分类法》及其使用指南。

（3）档案分类标引时，要正确地理解类目含义和范围，避免脱离类目之间的联系和类目注释的限定，片面地理解类目含义。

（4）档案分类标引应充分考虑实际的检索需求和检索方式，根据档案的具体内容和用途，选定适当的标引深度。凡一份文件或案卷涉及两个或两个以上主题者，除按第一主题或最重要的主题标出确切的分类号外，必要时可对其他主题附加相应的分类号。

（5）档案分类标引必须按专指性的要求，分入恰当的类目，切不可分入较宽的上位类或较窄的下位类。当分类表中无恰当的类目时，可分入范围较大的类目（上位类）或与档案内容密切相关的类目。

（6）档案分类标引应保持一致性。各种文本、载体类型的同一主题档案所标引的分类号均应一致。遇有某些难以分类和分类表上无恰当类目可归的档案，无论归入上位类或归入与其密切相关的类目，以及增设类目，都应做出记录，以后遇有类似情况，均按此处理。

2. 各种主题档案分类标引规则

如前所述，主题的类型依据档案内容可分为单主题和多主题两种。

（1）单主题档案的分类标引。单主题文件或案卷，一般依主题主体因素所属的类目标引，若是从一个方面对主题进行论述，就依这方面所属类目标引；若是从多方面对主题进行论述，一般只依主题所属类目做整体标引。

文件或案卷论述的主题内容互相交叉时应依据《中国档案分类法》关于集中与分散的有关规定进行标引。文件或案卷论述的主题涉及国家、地区、民族、时代等因素时，若《中国档案分类法》中注明需要复分则应标出复分号，否则可以省略。

（2）多主题档案的标引。

第一，文件、案卷论述的是两个以上的主题，标引时除应充分考虑利用者的检索需要、参考价值大小以及各主题间的逻辑关系，加以综合分析，再确定给予一个或几个分类号。

第二，文件、案卷论述的几个主题之间是并列关系，参考价值大，除对第一主题按其属性给予分类号外，第二、第三主题也应按其属性给予分类号，以便充分揭示主题，为利用者提供更多的检索途径。

第三，文件、案卷论述的几个主题之间是从属关系，即上下位关系或整体与部分关系，一般依它们的上位类目做整体标引，若较小主题具有检索价值，也可依小主题的所属类目做互见标引。

第四，文件、案卷论述的几个主题之间是因果或影响关系，一般依结果或受影响的主题所属类目标引。对于互为因果的、互相影响的主题做全面标引。

第五，文件、案卷论述的几个主题之间，一个主题应用于多个主题，一般依被应用主题所属类目标引。必要时可以对其他主题附加相应的分类号。

3. 档案分类标引工作程序

（1）研读分类法。标引人员在标引工作开始时，应系统研读《中国档案分类法》的编制说明、主表、附表，了解该法的编制目的、适用范围、分类原则、体系结构、标识符号、类目注释，辨清上位类、同位类、下位类、理论与应用等关系，深入透彻地掌握其使用方法。

（2）档案主题分析。标引人员应充分考虑立档单位的性质、职能和任务，通过分析题名、浏览正文、参考文件版头和案卷封面，从而了解档案的中心内容和涉及的主要问题，判明其属性特征，以便正确归类。

分析题名，文件和案卷的题名是责任者或立卷人对档案内容的概括，在题名准确反映档案的中心内容的情况下，分析题名能直观地把握档案的主题。但有些文件、案卷的题名，由于拟写上的缺陷，不能准确、直接地揭示主题内容，所以不能作为分类标引的唯一依据，还应浏览正文。

浏览正文，通过分析题名不能确定档案的确切内容和类别时，应浏览文件、案卷的正文。重点阅读文头、文尾、段落题名，了解作者的撰写目的和意图，从而确定档案内容论述或涉及的主题。

查阅文件版头和案卷封面，党、政机关行文都有固定的文件版头，标明发文机关的全称或通用简称、发文字号，文尾有发文机关、抄送机关、成文日期、盖印与签署。此外，附加标记有密级、缓急时限、阅读范围等。案卷封面上有机关全称和组织机构名称、案卷题名、年度日期、保管期限、档号及卷内目录、卷末备考表等。它对于了解文件、案卷的主题、起草目的、利用范围、使用价值等，都能提供一定的参考。

（3）判定类别。进行主题分析后，须确定文件、案卷所论述的事物中，哪些主题应予以标引，能为利用者提供检索途径。然后根据主题性质，到《中国档案分类法》中查找其所属的类目。

（4）标引分类号。标引分类号是用《中国档案分类法》中的类号来表达档案主题性质的标引过程，也就是将判定的类别赋予分类标识。给予分类号，应根据文件、案卷内容的属性、主题多寡、起草意图、利用对象、检索需求等特点，采用恰当的方式和方法，准确、一致、适度地标引出来。遇到难以分类的新事物、新主题的档案材料，分类表上无确切类目可归时，各档案馆（室）可增设新类目予以分类标引，同时上报《中国档案分类法》编委会确认。今后若遇到同类主题的文件、案卷亦照此办理，确保一致性。

（5）审校。审校是分类标引的最后一道工序，是确保标引质量的最后关口。审校内容包括检查验证档案的内容是否得到全面的分析，主题概念是否准确、恰当，辨类是否准确，同类档案是否归类一致，标引的类号是否充分、完整、准确，书写是否正确无误。

第四节　档案的检索、编研和利用

一、档案检索工作

档案检索是指对档案信息进行加工和存储，并根据需要进行查找的工作。它是档案提供利用工作的基础和前提条件，是开发档案信息资源的必要条件。档案检索包括档案信息存储和查检两方面的工作内容。档案信息存储是将档案中具有检索意义的特征标识出来，加以编排，形成检索工具或档案信息数据库的过程；档案信息查检是指利用档案检索工具或数据库搜取所需档案的过程。这两方面工作内容密切联系、不可分割，存储是查检的基础和前提，查检则是存储的目的。

（一）理想的档案检索工具

理想的档案检索工具必须以档案信息存储丰富、检索及时准确、方便实用和标准规范为标准。

（1）档案检索工具信息存储要丰富。信息存储丰富是指存储的档案内容要全，项目著录要详细，标引要有深度。在编制检索工具时，凡是本馆（室）有用的档案信息都要存储进去，以满足利用者对档案信息的多种需求，更好地发挥档案的作用。著录项目应尽可能完备，不仅著录作者、时间、文本、保管期限等易见的外形特征，还要具体描述档案的主题内容，为利用者提供丰富的信息。标引要有一定的深度，对每份文件或案卷的主题内容，应该用几个或更多的主题词和分类号来标识，以增加从不同角度获取档案信息的途径。

（2）检索要准确及时。档案检索的质量和效率主要体现在检索的准确性和时效性两个方面。准确，是要求通过检索工具和手段为利用者提供所需要的档案，既要查全，又要查准，把漏检和误检率降至最低程度。这就要求编制检索工具时，对文件或案卷内容和形式特征的著录和标引无差错，检索途径充分，排列系统科学。及时，是指在一定时限内迅速提供档案为利用者服务。这就要求检索工具必须种类适当、组织合理、排列有序，使档案人员面对堆积如山的档案，能够及时、迅速地查找到利用者所需的全部档案。

（3）检索要方便实用。使用方便、实用性强是检验档案检索工具质量高低的标准之一。档案检索工具的使用具有高频率和广泛性的特点，这就要求其项目设置要实用，文字要简洁，排检方法要科学，易于掌握，便于利用。

（4）档案检索工具要实现标准化、规范化。检索工具的标准化、规范化是指在编制检索工具时，对其规格、著录方法、标引方法、编写体例等方面的统一规定。如果各馆（室）编制档案检索工具时各行其是，规格式样不统一，著录标引方法不科学、不规范，不仅造成人力和物力的浪费，而且给档案的科学管理和开发利用、馆际交流，以及实现手工检索向计算机检索过渡等，都会带来极大的困难和障碍。因此，编制检索工具应严格遵守各种相关的国家标准，努力实现其标准化、规范化的要求。

（二）档案检索工具的作用表现

档案检索工具是用以揭示档案馆（室）档案的内容和成分，报道和查找档案材料的工具。它是进行档案科学管理和资源开发利用的重要手段。档案检索工具的基本职能表现在存储和查找两个方面。存储是对文件或案卷的内容和形式特征进行著录和标引，按照一定的格式组织成条目，以一定的顺序加以排列或进行客观的描述，以二次文献或三次文献的形式将档案信息集中起来。查找是指能提供一定的查询手段，在存储好的档案信息集合中找出利用者需要的档案材料。档案检索工具的具体作用表现在以下方面：

（1）档案检索工具是揭示档案馆（室）藏和利用档案的重要手段。档案检索工具对已入馆（室）档案的信息进行加工和形态上的转换，便于人们从数量庞大的档案中，及时、准确地提取和输出所需要的档案信息。

（2）档案检索工具是开展档案业务工作必不可少的工具。档案检索工具记录了档案重要的内容和形式特征，档案人员可以通过它概要了解馆（室）藏档案的内容、形式、数量等情况，为档案业务工作提供一定的依据。

（3）档案检索工具是报道馆藏和馆际交流的重要工具。档案检索工具存储了大量档案信息，它不仅可以提供查询，同时也可以成为档案馆（室）与利用者之间、档案馆（室）与档案馆（室）之间的交流工具。利用者和其他档案管理部门借助它即可概要了解馆藏档案的内容、价值等信息。

（三）档案检索工具的分类

档案馆（室）为了适应利用者对档案的多种类、多角度的需求，常常需要编制多种类型的检索工具。从不同的角度，用不同的标准，可以对档案检索工具进行不同的种类划分。

（1）从编制方法上划分：①目录。目录是将档案的著录条目按照一定次序编排的一种揭示、识别和检索档案材料的工具。②索引。索引是将档案中的某一内部或外部特征及其出处按一定次序编排而成的检索工具。③指南。指南是以文章叙述的体例，综合介绍档案情况的一种书面材料或工具书。如档案馆指南、档案室指南、全宗指南等。

（2）从作用上划分：①查找性检索工具。查找性检索工具是为了解决从不同角度检索档案而编制的，从档案的某一内容或形式特征提供检索途径的检索工具。它是对外服务和馆（室）内查找档案的重要手段。如全宗文件目录、分类目录、专题目录、主题目录、人名目录等。②报道性检索工具。报道性检索工具又称介绍性检索工具，是为了报道和介绍馆藏档案内容及有关情况，开展馆际交流而编制的检索工具。如档案馆指南、档案室指南、全宗指南等。③馆藏性检索工具。馆藏性检索工具是档案馆（室）收藏档案的总清册，是反映档案分类整理和排架顺序的检索工具。

（3）从载体形式上划分：①卡片式检索工具。卡片式检索工具是将一个条目著录于一张卡片，将卡片按一定顺序排列而成的检索工具。其优点是具有较大的灵活性，便于增减条目和调整条目之间的顺序；一种卡片目录放在若干地方，可供多人同时查阅。其缺点是体大量多，不便管理、传递和交流；查阅时须逐片翻阅，费时较多。②书本式检索工具。书本式检索工具是将著录条目逐条登录并装订成册的检索工具。其优点是体积较小，便于管理，编排紧凑，便于阅读，可印刷出版，便于传递、携带和交流。其缺点是因其装订成册，体系固定，缺乏灵活性，不便于增减条目和调整条目之间的顺序。③活页式检索工具。活页式检索工具是介于卡片式和书本式检索工具之间的一种检索工具。每一页记录若干份同类文件或案卷的特征，一页著录不完接下页，再将著录好的活页按序装入书夹。其优点是比较灵活，能随意增减，随时撤换。④缩微式检索工具。缩微式检索工具是以缩微摄影方式制作的以胶片为载体的检索工具，手工检索时使用缩微阅读器放大阅读，也可用于计算机检索。其优点是密集存储、节约空间；体积小，便于交流，便于复制。缩微式检索工具是在书本式或卡片式检索工具的基础上形成的，而且需要具备一定的拍摄和阅读条件才能制作和使用。⑤机读式检索工具。机读式检索工具是以磁性材料为载体的供计算机识别的检索工具。它将档案的内容和形式特征以特定的编码形式和特定的结构记录存储在计算机的磁鼓、磁盘、磁带上，使用时可以用荧光屏显示，也可以打印出文字目录。其优点是存储密度高，检索扫描速度快，可进行多途径检索。但是前期处理和输入工作量大，检索费用较高。

（四）档案常用检索工具的编制

1. 案卷目录的编制

案卷目录是以案卷为单位，按照档案整理顺序组织起来的档案检索工具，它是档案馆（室）最基本的、使用最为频繁的一种检索工具。它既是馆藏性的检索工具，又是查检性的检索工具。一个全宗内的全部档案，经过分类、立卷、系统排列后，应将案卷逐个登记下来，形成案卷目录。案卷目录即案卷的名册，是著录案卷内容和形式特征并按一定次序编排的表册。案卷目录具有以下作用：第一，固定和反映档案的整理和排架顺序；第二，可作为保管档案和统计案卷数量的主要依据；第三，它是按照立档单位整理体系查寻档案的基本检索工具。案卷目录的组织方法通常和本机关的档案分类体系相一致。如采用年度—组织机构分类法的机关，可按照保管期限—年度—组织机构的体系编制案卷目录，即首先将不同保管期限分开，在每一种保管期限中按年度集中案卷条目，每个年度中的案卷条目按组织机构顺序排列。采用组织机构—年度分类法的机关，则可按照保管期限—组织机构—年度的体系编制案卷目录。编制案卷目录，应以全宗为单位进行。案卷目录的结构主要包括以下几个组成部分：

（1）封面和扉页。其项目包括：档案馆（室）名称、全宗号及案卷号、全宗名称及类别名称和目录中档案的起止日期。

（2）目次。即案卷所属类目的索引。根据全宗内案卷的分类排列情况，分别写明案卷分类类目的名称及所在页码，也可包括案卷的起止号。

（3）序言或说明。序言中应说明使用案卷目录和利用档案时需要了解的有关情况。如目录的结构、编制方法、立档单位、全宗简史、全宗内档案的完整程度等。

（4）简称表。简称表就是将案卷目录中使用的名词简称与其全称列为对照表，以便利用和查对。简称表可独立编写，也可纳入序言之中。

（5）案卷目录表。这是案卷目录的主体部分。

（6）备考表。备考表附在案卷目录之后，总结性地记载案卷目录的基本情况，包括目录所登记的案卷数量和案卷长度（m），案卷目录的页数，编制日期及其他必要的说明，编制者签名或盖章。案卷目录上述组成部分填写完毕后，应该加上封皮和封底，并装订成册。案卷目录应一式三份，其中一份供日常使用，一份保存，一份随档案移交。

2. 分类目录

分类目录是按照体系分类法的基本原理，将档案主题按《中国档案分类法》的逻辑体系组织起来的检索工具。它的主要特点是系统性和集中性强，把内容性质相同的档案信息内容组织到一起，便于检索，使利用者获得有关某类专题的全部材料。分类目录一般采用卡片式，其编制方法大体如下：

（1）填制卡片制卡时应根据《档案著录规则》的有关规定和档案标引的有关要求进行。一般是一文一卡或一卷一卡。由于分类目录是以分类号为排检项，制卡时要特别注意分类标引的准确性，当一件（卷）档案需要标引多个分类号时，应该对该档案分别填写多张卡片。

（2）排列卡片排列时应按分类号的顺序逐级集中卡片。具体排法是，先按字母顺序排，同一字母的卡片集中排放在一起，然后再逐级按阿拉伯数字的大小排列，类目顺序应与分类表相一致。在同一类目内卡片的排列顺序有多种方法，如按年度、按时间、按责任者等进行排序，但在一个档案馆（室）应保持一致。需要向档案馆移交档案的机关的分类目录的排列顺序最好能与档案馆分类目录的排列顺序相一致。

当一件（卷）档案标引一个分类时，只要按其分类号排在相应的位置即可。当一件（卷）档案标引两个以上分类 ，或采用分类号组配形式标引档案时，需要将每一个分类号轮排到前边一次，并排入居于首位的分类号相应的类目之中，也就是说一件（卷）档案标引了几个分类号，就需要填制几张卡片，该件（卷）档案在分类目录中就占有几个位置，这样从该件（卷）档案的每一个主题入手均可查到该件（卷）档案。

（3）安放导卡分类卡片排列完毕之后，需要在类与类之间安放导卡，便于检索者迅速准确地查到所需档案卡片。

3. 案卷文件目录

案卷文件目录也称"全引目录"或"卷内文件目录汇编"。它是将全宗或全宗内的某一部分案卷目录和卷内文件目录合二为一、汇编而成的一种检索工具。案卷文件目录的格式大体有两种：一种是将一定数量（如一个年度、一个组织机构）的案卷目录放在前面，后面依案卷条目顺序依次附上卷内文件目录；另一种是以案卷为单位，在每个案卷条目下附上该卷的卷内文件目录。

4. 专题目录

专题目录是以卡片形式系统揭示档案馆（室）某一专门题目的档案内容和成分的一种检索工具。它按照一定题目，把同一主题内容的二次文献组合在一起编制而成，符合按专题利用档案的规律和特点。专题目录的编制方法如下：

（1）选题。选题是专题目录编制的重要环节，选题的正确与否直接关系到专题目录的利用价值。选题既要考虑到党和国家各项工作的需要，又要考虑馆（室）藏基础。

（2）制订计划。计划内容包括：题目名称，题目所包含的问题，分类方案，题目所包括的年限和涉及的地区，查找档案所涉及的全宗和全宗的哪些部分、选择材料的标准、工作步骤、人员分工、完成时间等。

（3）选材。选材时量材尺度要统一，应挑选出最能反映专题本质、有科学意义和实际价值的档案材料。

（4）填制卡片。填卡一般与选材结合进行。制卡的著录单位可一文一卡，相同内容的文件亦可多文一卡，多主题的文件可一文多卡，内容单一的案卷也可一卷一卡。卡片的项目一般包括专题名称、类、项、目、责任者、时间、档号、文件内容与成分简介。

（5）卡片的分类和排列。分类一般是以文件的内容来划分。排列方法比较常见的有两种：一种是按类—项—目—年度—重要程度排列；另一种是按类—项—目—问题—时间的顺序排列。

5. 人名索引

人名索引是揭示档案中所涉及的人物并指明其出处的检索工具。人名索引一般由人名和档号两部分组成。利用者借助人名索引，可以查到记载某一人物的材料。人名索引从体例上可分为综合性人名索引和专题性人名索引两种。综合性人名索引是将档案中所涉及的人名都编成索引；专题性人名索引是根据所列专题范围（如任免、奖惩等），对涉及该专题的人名编制索引。人名索引一般按姓氏笔画、汉语拼音字母顺序或四角号码等方法排列。

6. 档案室指南

档案室指南是全面、系统介绍机关档案室及其收藏档案情况的工具书，又称档案室介绍。档案室指南一般包括两部分内容：一是档案室概况。档案室概况包括档案室成立时间、隶属关系、设备状况、人员条件、服务范围、利用手续、规章制度等。二是室藏档案情况介绍。室藏档案情况一般以类为单位逐一介绍，如档案数量、内容与成分、完整程度、利用价值等。

7. 档案馆指南

档案馆指南是以文章叙述形式概要介绍档案馆及其馆藏档案情况的工具书，又称档案馆介绍。档案馆指南的内容及结构主要包括说明或序言、档案馆概况、馆藏档案概况、馆藏档案介绍、馆藏资料介绍、索引和附录等。

说明或序言：说明或序言一般置于正文之前。它应说明编写指南的目的和意义、体系结构、材料排列顺序、使用方法及编著的简要过程。还应概要指明馆藏档案资料的利用价值，以引起利用者的重视。

档案馆概况：档案馆概况包括档案馆的历史沿革、隶属关系、性质与职能、内部机构设置、历任馆长姓名、馆内布局、开放时间、利用手续、规章制度、服务设施等。

馆藏档案概况：馆藏档案概况需要介绍如馆藏的特点、种类、数量、时间、来源、档案的整理和鉴定、保管、统计、检索、提供利用等情况。

馆藏档案介绍：这是档案馆指南的主体和核心部分。一般是以全宗为单位进行介绍，如全宗名称、全宗号、档案数量、起止时间、档案内容和成分简介等。其中，全宗内档案内容和成分简介既要简明扼要，又要能客观地揭示档案的内容和成分。

馆藏资料介绍：馆藏资料介绍资料的来源、种类、数量、名称、内容、分类整理方法等。

索引和附录：索引和附录包括以下三方面的内容：①关于利用档案的有关规章制度，如查阅档案、资料的办法，开放档案的办法等。②指南中有关的机构名称、人名和地名的索引或简称表等。③其他图表、照片等必要的辅助材料。

（五）档案检索工具的新发展

目前，档案检索正逐步从传统的手工检索向计算机检索过渡，计算机检索代表了档案检索的发展趋势。

1. 计算机检索结构的设计要求

对计算机检索结构的设计要求主要是对软件系统的设计要求。软件系统应具有以下特点：一是先进性。先进性即设计出的软件系统有较先进的技术含量，保证系统不被轻易淘汰。二是标准性。标准性是指应根据一定的统一标准设计有关系统。这样，在检索时就可尽量减少人为原因而引起的误差。如在设计企业档案软件时，可根据《档案著录规则》的相关规则来设计，这样各种档案都能以相同的著录标准进行著录，这样做不仅能方便用户检索，而且也可促进信息间的交流。三是完备性。完备性是指检索系统应具有完善的多种功能。例如，检索系统应提供多种检索途径，如主题词、责任者、分类号等；还应能根据用户的需求，提供多种显示和输出方式。四是简易性。软件应易学易用，最大限度地减少用户的人为干预和简化管理人员及用户的操作程序，从而节约人力物力，提高检索效率。

2. 计算机检索的过程

计算机检索与手工检索的原理是一样的，也是由存储和查检两部分组成，在计算机检索中通常称为输入和输出。在输入阶段，要把反映档案的内容和形式特征的著录项目录入计算机，存入数据库并根据检索需要建立相应的倒排文档。在输出阶段，要根据利用者的提问编制恰当的检索策略，形成检索表达式，并将其输入计算机，在数据库中查找后将结果输出。计算机检索的具体过程大致分以下步骤：

（1）分析检索的主题，明确检索目的和要求。分析检索的主题，明确检索目的和要求，即要确切了解所要查询的目的和要求，确定需要的信息类型（全文、摘要、名录等，文本、图像、声音）、查询方式（浏览、分类检索、关键词检索）、查询范围（所有网页、标题、新闻组文章、FTP、软件、中文、外文）、查询时间（所有年份、最近几年、最近几周、最近几天、当天）等。不同目的的检索应使用不同的查询策略，不同的查询策略会产生不同的检索结果。尽可能多地了解检索目标，不仅能帮助用户确定所需要的信息类型、查询方式、查询范围、查询时间及采用何种限制条件，而且能更好地理解查询结果，并准确地捕捉到它。

（2）选择合适的检索工具。检索工具选择得当与否，直接影响到信息检索的效率和质量。根据课题分析所确定的范围，选择自己熟悉、没有语言障碍、收录全面、报道及时和附录索引完整的检索工具。

（3）对信息需求进行概念分析。为了准确表达用户所需信息的主题，需要确定其概念和检索标识，选择能代表各概念层面的检索项，从而把主题概念转换成适合系统的检索标识，完成用户信息需求由概念表达到计算机系统所能进行的检索标识表达的转换。

（4）制定检索表达式。检索表达式是检索策略的具体体现，是用来表达用户信息需求的逻辑表达式，由检索词和各种算符组配形成。具体操作步骤包括提取检索词、组配检索词、调整检索式。

提取检索词：检索词是构成检索策略的基本元素，同时也是进行逻辑组配和编写提问检索式的最小单位，它可以是反映文献内容特征的主题词、自由词等，也可以是仅反映文献信息外表特征的篇名、著者等。检索时，应根据课题或所需信息的主题名称及描述语句，经过切分、删除、替换、补充等步骤来提取检索词。一是切分。切分就是以词为单位进行划分，其结果是句子或词组。切分需要彻底，做到"到词为止"，但又必须是表达一件事物的完整名称，例如，"雨伞"可切分为"雨｜伞"；"计算机管理系统"可切分为"计算机｜管理系统"，不能切分成"计算｜机｜管理｜系统"。切分后，所要检索的课题就转换成词的集合，但必用的核心词往往很少，多数是限定词。二是删除。第一，要删除没有检索意义的词，如虚词，包括介词、连词、助词、副词等；第二，删除过分宽泛和过分具体的限定词；第三，删除存在蕴含关系的可合并的词，所谓蕴含关系的合并词，是指在一个词里内在地含有另外一个词的含义。三是替换。如果遇到用户在检索要求中使用的词不清楚或含义模糊时，可以使用概念替换法，引入更加明确具体的词替代原有的词。替换的方法可以使用同义词或把相关的词增加到原来的概念组中，同时保留原有词；也可以使用相应的分类号替代关键词。四是补充。对于一些由词组缩略而成的名词，可以采取与缩略相反的操作补充还原；对一些没有限定的词，如线路，既可以是电子线路，又可以是交通线路，应采用逻辑组配方法限定所需要或不需要的东西。

组配检索词：为了准确地表达检索意图，可利用系统提供的各种检索算符，把检索词进行组配，以提高检准率。不同的数据库检索系统提供的检索算符不一样，检索前，需要熟悉系统的检索算符。

调整检索式：计算机检索交互性较强，有时候检索的结果不一定理想，检索结果太多或太少的情况都有可能出现。可以通过调整检索式达到最佳的效果。当获得的检索结果太少时，需要扩大检索范围。调整检索的方法可采取：选全同义词、关键词或用分类号检索；调整位置算符，去掉太专指的概念组面，取消某些过严的限制符等。当获得的检索结果太多时，需要缩小检索范围。调整检索时方法可采取：提高检索提问式的专指度，采用下位词或专指性较强的词；调整位置算符，由松变严，增加概念组面，进行 AND 运算，采用字段限制符，将检索词限定在一定的字段中。

（5）输入检索词，进行查找，检出相关资料。检索词的输入方法有直接输入、索引中取词、复制输入、利用保存式输入。直接输入：直接输入是计算机检索最常用的方法，一般是在检索框中逐词输入。在联机检索中，如果检索式较复杂，应预先处理好检索式，以免在联机检索中增加费用。索引中取词：大多数计算机检索系统提供从索引中选词的功能。当不能准确判断检索用词或检索词拼写不清楚时，可从索引中取词，索引中取词更加准确。复制输入：利用计算机系统提供的复制输入功能，将已有的检索式中的某些检索词或从检索记录中复制的所需要的检索词，粘贴到检索输入框中。利用保存式输入，即计算机系统提供的保存检索式功能，把已保存的检索式调入检索输入框中，也可对检索式进行修改。

（6）分析检索结果。检索结果若不符合要求，则对检索式进行修改，并重复第（5）步，直到满意为止。

二、档案编研工作

（一）档案编研工作概述

1. 档案编研工作内容

档案编研工作就是档案室（馆）以馆藏档案为基础，根据利用需求对档案信息进行研究和加工，编辑各种类型的档案出版物的活动。它是档案信息开发的重要方式。所谓"编"就是对档案文献进行整理加工与汇集，而"研"主要是对档案内容的研究与考证，二者互为一体，又互相递进。"编"与"研"必须实现有机结合、同步发展，才能创造出高质量的成果。档案编研工作的具体内容包括以下四个方面：①编辑档案史料和现行文件汇编（档案文献汇编）；②编辑档案文摘汇编；③编写档案参考资料；④编史修志。档案工作者从事历史研究，是我国档案工作的一个优良传统。古代的档案工作者，往往同时也是历史学者。现在档案工作和史学工作虽已有了明确的分工，但是作为历史档案材料基地的档案馆，仍须进行一定的历史研究，以便深入地掌握档案史料的内容。通过研究成果向社会传播档案信息，从而有效地发挥档案的作用。上面的编研内容从加工程序上讲可以分为三种情况：

（1）汇编材料。这类材料属于一次加工的编研材料，是将单位职能活动中形成的原始文件或者原始文件的复制件汇集装订起来而形成的。一次加工的编研材料的特点是利用原始文件或原始文件的复制件汇编形成的，基本保持档案原貌，编辑相对简单，主要起到依据的作用。

（2）概要性、介绍性材料。这类材料属于二次加工的编研材料，是通过摘录、缩编、剪辑档案内容，并按照一定的要求重新组织整理而形成的。二次加工的编研材料类型比较多，有档案文摘、专题简介、提要和索引等。二次加工的编研材料的特点是种类多，针对性强，信息集中系统，提供、利用简便迅速。

（3）参考材料。这类材料属于三次加工的编研材料，是依据档案并参照有关的资料，在系统、深入分析研究的基础上，编写形成的。三次加工的编研材料属深层次的档案编研，常见的大多为工具书式的。三次加工的编研材料的编写是一个知识创新过程，难度比较大。三次加工的编研材料的特点是以档案为素材，应用档案中记载和反映的观点、方法、规程、原理、结果和结论，参照有关参考资料，进行深入的分析、研究和归纳等加工处理，不同程度地产生其他材料所没有的知识和内容，形成新的知识产品。特别是有关技术开发等工作和活动方面的三次加工的编研材料，带有明显的技术调研报告特点，更具有参考价值。

2. 档案编研工作的意义

（1）有利于更好地为社会提供档案利用。在档案编研工作中，除了专门的历史研究和编史修志外，都是档案利用的范畴。档案编研是主动为利用者提供利用的一种有效的方式。它属于主动服务，可以节省利用者查找档案的时间和精力。

（2）有利于提高档案馆（室）的工作水平。档案馆搞好档案收集、整理等基础工作是开展档案编研工作的前提。而在档案编研中，由于需要调阅档案，又对其他的基础工作起到全面检查的作用。另外，档案编研需要工作人员具有较高的知识水平，可以促进档案人员队伍素质的提高。

（3）有利于保护档案原件和流传档案史料。开展档案编研工作，就可以向利用者提供档案的加工产品，这样不仅可以避免利用中对档案实体的磨损，有效地保护档案原件，延长档案寿命，还可以向需求者提供远程利用服务，突破了利用的时空限制，这些都对档案原件的永久流传和长存世间起到极大的作用，可以为后代保存档案史料。

（二）会议简介的编写

会议简介是简明扼要地记述会议过程和基本情况的参考资料。各种重要会议都可以编写会议简介，如人代会、团代会、职代会、全体委员会或常委会、行政办公会、经理办公会，以及一些重要的工作会议、专业会议和学术会议等。召开会议是各组织开展工作的一种重要方式，特别是重要的会议，具有决策、指导、启迪和教育作用。为了解会议情况，查找会议文件是组织工作人员、科研人员一种常见的档案利用方式。一般来说，会议文件数量较多，常规性会议文件分别保存在不同年代中，将重要会议的基本情况编写成介绍材料，对于利用者了解会议简况，总结工作经验，查证某一问题或筹办新的会议具有很好的参考价值。因此，会议简介可帮助利用者迅速准确地查询会议情况。

1. 会议简介的主要内容

编写会议简介的材料来源主要是会议文件，包括会议通知、开幕词、报告、记录、决议、简报、闭幕词、公报、会议纪要等。会议简介的内容主要有以下方面：

（1）会议的名称和届次，如《××公司第一届职工代表大会简介》。

（2）会议的时间、地点及主持人。

（3）会议参加人员。对于出席会议的重要领导人和来宾可标明姓名及职务；其他代表只标明人数；如果需要，可将与会人员名单作为附录附后。

（4）会议的主要议程及内容。这是会议简介的主体部分，其中应着重记述会议主要报告的题目及内容要点、会议讨论的有关问题、会议通过的决议、报告、提案等事项的名称及内容要点、选举结果等。对于选举结果，一般只标明选举出的主要领导人姓名及职务，以及委员、候补委员的人数即可，需要时也可将全部选举结果以附录形式附后。

2. 会议简介编写的基本要求

（1）事实清楚、准确，无论是会议基本情况还是会议内容都不能出现重要遗漏或失实现象。

（2）会议情况介绍线条清楚，属于同类历届会议的简介应按届次顺序排列，汇集成册并编制目录。

（3）语言简练，要点突出。会议情况可以从简介绍，会议的报告和重要事项应详细一些；为避免历次会议介绍大同小异，面目相似，应注意对每次会议特色的介绍；必要时可以对会议的意义、效果做简要评价；对于专业会议，更要注意写出其专业特色。

为了写好会议简介，需要全面认真地研究有关会议的文件，尤其是会议报告、决议、简报、记录等，从中了解会议的主要精神，这样才能介绍得清楚、准确，抓住要点。

（三）组织沿革的编写

组织沿革也叫作组织机构沿革，是以文字或图表形式系统地记述和反映某一独立组织（包括党政机关、社会团体、企事业单位）自身发展演变情况的参考资料和工具。组织沿革能够比较完整、系统地揭示各种不同类型组织的来龙去脉，具有内容的专题性和记述事实的连续性两个特点。

组织沿革着重记述和反映组织自身在组织系统方面的有关情况，如组织的成立、合并、撤销、复建的情况，组织人员编制和内部组织机构的设置情况等。组织沿革以系统地反映该组织自身发展、变化的历史过程为目的。

组织沿革的主要用途是：便于查考和研究本地区、本系统、本组织的机构和人员发展变化情况；能够为国家机关史、地方史、革命史及各种专业史研究提供组织建设方面比较系统的资料；可以为档案室（馆）编写立档单位历史提供系统的材料；也可以帮助档案利用者了解立档单位的情况，认识档案的价值。

1. 组织沿革的类型

（1）机关组织沿革主要记载一个组织及其内部机构和人员的演变情况，如《××公司组织沿革》。

（2）地区组织沿革主要记载一定行政区域或行政区域内所属党政群各级组织的设置和演变情况，如《郑州市行政区域历史沿革》。

（3）专业系统组织沿革主要记载一定专业系统所属组织的设置和演变情况，如《全国纺织系统组织机构沿革》。

2. 组织沿革的主要内容

组织沿革通常由标题、序言（编辑说明）和正文组成，根据需要可以增加目次和注释。组织沿革正文包括以下内容：

（1）组织、地区或专业系统的历史概况、行政区划、建制变更情况。

（2）组织的性质、任务、职权范围和隶属关系。

（3）组织内部组织机构的设置和人员编制的变化情况。

（4）组织领导人的任免情况。

（5）组织名称的变更、印信的启用与作废、单位办公地点的迁移等情况。

3. 组织沿革的编写体例

（1）编年法。编年法是按照年度记述某一组织、地区或专业系统的组织概况。采用编年法编写组织沿革时，先将材料按年度分开，然后在每个年度中再分别记述各方面的情况。这种方法的优点是：每个年度的材料集中，自成体系，全年的情况显示清楚。其不足是：每个方面的情况分散于各年度之中，纵向脉络被切断；有些多年无变化的情况要按年度反复陈述，内容重复。

（2）系列法。系列法是以组织机构或组织建设问题为线条，形成各个系列。在编写时，首先按照系列，然后再按年度顺序，分别记述其演变的始末概况。如果按照组织机构的系列编写组织沿革，则以组织内部机构的实际设置为线条，分别记述各机构的变化情况；如果按照组织建设问题编写组织沿革，则可以分为组织体制、职能与任务、隶属关系、机构与人员编制、干部任免、印信使用等若干方面分别记述其演变情况。这种方法的优点是：能够比较系统地揭示组织、地区或专业系统内部组织机构和组织建设各方面情况的发展脉络，便于读者分项目了解组织、地区或专业系统的演变情况。其不足是：不便于显示各个阶段的组织概况，且有些组织的演变情况比较复杂，不适宜采用系列法。

（3）阶段法。阶段法是根据组织、地区或专业系统发展变化的特点，将其划分为若干历史阶段，在每个阶段中再分别记述各方面的情况。这种方法在一定程度上吸收了前两种方法的优点，使时间和系列经纬交织，能够比较清晰地反映组织的演变情况，便于读者阅读和理解。采用这种体例时，应注意根据编写对象的发展特点合理地划分阶段。

以上三种组织沿革的编写体例各有其适用情况：历史较短、规模较小、内部机构不太稳定的组织，可以考虑采用编年法；组织机构比较稳定且独立性较强的组织、地区或专业系统，可考虑采用系列法；已经具有一定发展历史的组织、地区或专业系统，可考虑采用阶段法。

4. 组织沿革编写的选材

组织沿革是对组织、地区或专业系统组织建设和发展情况进行记述的资料，在内容上必须做到全面、准确和严谨，这就需要做好材料的收集和选择工作。

组织沿革使用的材料应主要从档案中收集，而其他来源的材料则应慎重选用。有关组织、地区或专业系统组织建设方面的档案通常集中在单位的综合部门，如办公厅（室）、组织部门和人事部门，因此，上述部门可以作为收集材料的重点对象。但有时也需要从本组织其他部门或外组织的档案中收集材料作为补充。

某些通过调整而成立的新组织，其形成之初的有关文件往往保存于其前身组织中。有些情况本组织没有形成正式记载，则可以从其他材料中寻找求证，例如，借助工资单存根，可以查出某一时期组织及各机构的人数；利用组织或领导人留在文件上的印信、签字，可以查证领导人的情况等。对于记载不准确、证据不足的材料，应认真考证再予收录；经考证也无法证实的情况，应加以说明。

（四）全宗指南的编写

档案信息具有原始性和分布相对分散性的特点，比如，反映某个问题或情况的档案可能保存在不同的文件、案卷甚至全宗当中，有时利用者要了解某一方面的情况就需要查阅大量档案。档案编研工作就是将关于某个专门问题的档案信息收集起来，然后经过选择、加工和编辑，使其成为系统说明情况的材料，集中提供给利用者使用。编写档案参考资料是档案间接利用工作的重点。常用参考资料可以分为两种：一种是档案文献报道型资料，包括全宗指南、专题指南、档案文摘等；另一种是档案文献撰述型资料，包括大事记、组织沿革等。

1. 全宗指南的主要作用

全宗指南又称全宗介绍，它是以本组织全宗为对象范围，以叙述的形式对立档单位及其档案的内容和成分等情况进行报道的材料，是向利用者介绍和报道全宗构成者（立档单位）及其所形成档案情况的工具书。

编写全宗指南可以为利用者检索档案提供基本线索，为实际利用全宗中的具体案卷、文件提供基本背景材料。在具体利用全宗内的某些具体案卷、文件时，如果利用者对全宗总体情况一无所知，则往往难以理解其意义、判断其价值，难以搞清案卷之间、文件之间的关系。有了全宗指南，使利用者掌握了具体利用某些档案时应该具备的基本背景知识，从而有助于提高利用档案的效率。

2. 全宗指南的结构分析

全宗指南由封页、正文、备注三部分组成。正文部分由全宗构成者沿革、全宗内档案情况简介、全宗内档案内容与成分介绍三部分组成。

（1）封页。

封页项目包括全宗指南名称、时间和全宗号。全宗指南名称由全宗构成者的名称（全称或通过简称）及全宗指南构成。例如《北京市计划委员会全宗指南》。全宗内档案文件的起止年代，一般采用公元纪年表示。全宗号是指本全宗指南所对应的全宗的编号。

（2）正文。

1）全宗构成者沿革简介。

全宗构成者沿革简介由构成者名称、时间、主要职能、隶属关系、全宗构成者主要负责人名录、内部机构设置及其各历史阶段演变情况等内容组成。

全宗构成者的名称按全称书写，通用简称书写在全称后面的圆括号内。全宗构成者所有曾用名称按时间顺序书写在全宗构成者的沿革中。

全宗构成者沿革应结合时间撰写，和下列内容有关的时间应反映在全宗构成者沿革中：①全宗构成者成立、合并、改组、更名和撤销时间。②全宗构成者内部机构的设置及重要部门的调整、增设、合并、更名、撤销时间。③全宗构成者上级主管机关变更时间。④其他所有反映全宗构成者的重要活动时间。

全宗构成者的主要职能包括全宗构成者的性质特征、职权范围和主要工作与任务。

全宗构成者的隶属关系主要指全宗构成者和其上级主管机关的组织关系和业务关系；全宗构成者和其重要的直属下级机关的组织关系和业务关系。全宗构成者上级主管机关如有变更，也应反映在全宗构成者沿革中。

全宗构成者负责人名录主要包括全宗构成者正副职负责人姓名、职务、任期时间。

全宗构成者内部机构的设置及其各历史阶段演变情况主要包括全宗构成者内部一级机构的名称；全宗构成者内部一级机构正职负责人的姓名、职务、任期时间；全宗构成者内部一级机构的主要职能；全宗构成者内部机构中重要部门的增设、调整、放大、合并、撤销情况及内部一级机构在各历史阶段的变化情况。

此外，还有涉及全宗构成者的重大事件和对全宗构成者产生了重要影响的活动，全宗构成者改组和撤销的原因也应在这一部分加以介绍。

如果是个人全宗，应主要介绍其姓名、别名、生卒年月日、籍贯、职务、职称、主要业绩、荣誉称号及简历。

2）全宗内档案情况简介。全宗内档案情况简介主要包括档案的数量及保管期限、档案的完整程度、档案的利用价值及鉴定情况、检索工具的配置情况和档案的整理情况。

3）全宗内档案内容与成分介绍。全宗内档案内容与成分介绍应以文章叙述的形式，按全宗内档案的实际分类体系结合问题介绍。由于分类体系有多种形式，全宗内档案内容和成分介绍的结构也可有多种形式。如按机构，或按职能，或按专题，或按年代，或按名称等进行分类，如果有必要，类下再设项，再按类项分别对全宗内相关档案的内容和成分进行介绍。现代的综合档案室在编写全宗介绍时，往往先将全宗档案按文书档案、科技档案、专门档案分为三大部分，每部分再设类项进行介绍。全宗内档案成分的介绍一般与档案内容的介绍同步进行，即在介绍某类项档案的内容之前或之后，对这部分档案的成分予以介绍。成分介绍一般涉及档案的来源、文件的作者、档案的形式（文件名称，使用非汉字文字和非纸质载体档案的情况）及形成时间等。对档案内容的介绍，一般应首先考虑按全宗内档案的实际分类体系形成总的框架，再结合问题、重要程度、形式等进行介绍，介绍深度依据档案的重要程度和数量状况灵活掌握。在对档案的内容和成分进行介绍时，根据需要还可对档案的可靠程度和利用价值做简要评述。在逐类项进行介绍之前，若有可能，最好能对整个全宗档案的内容和成分做概括的总述。

（3）备注。

备注部分主要介绍本全宗指南的编制情况，有关全宗内档案的补充说明，全宗指南中须加解释的名词、事件及问题，以及全宗内档案增加、调整、遗失、销毁等说明和其他有关问题的说明。

（五）大事记的编写

大事记是按照时间顺序，简明地记载和反映一定历史时期、一定范围内发生的各种重大事件和重要活动的参考资料。大事记能够系统扼要地记录重要事件的历史过程，客观地揭示其中各种因素及其相互关系，从而为人们查考事实、研究事物发展规律提供可靠的资料。

大事记的用途主要有三个方面：其一，帮助组织的领导和工作人员了解本组织、本系统、本地区的发展历史和主要情况，以便掌握一些重要问题的来龙去脉，有效地开展工作，并研究和把握工作规律；其二，为历史研究人员和史志编修人员提供系统的相关资料；其三，它是对人们进行传统教育的素材。

1. 大事记的主要类型

根据所记载的对象和内容，大事记大致可分为以下四种：

（1）机关大事记。机关大事记记载一个机关在一定时期内的重要活动，如《中国人民政治协商会议北京市委员会大事记》《郑州纺织厂大事记》等。

（2）国家或地区大事记。国家或地区大事记记载全国或一个地区在一定时期内的重大事件。

（3）专题大事记。专题大事记记载国家、某一地区、某一组织在一定时期内在某一方面的重大事件。

（4）个人生平大事记。个人生平大事记记载著名人物的生平及重要活动，也称为"年谱"。

大事记的名称比较灵活，除了称"大事记"外，还有的称"大事年表""大事记述""大事编年""大事纪要""大事辑要"等。大事记可以作为一种独立的参考资料，也常作为年鉴、专业辞书、史料汇编或专著的附录置于正文之后。

2. 大事记编排的体例

大事记一般采用编年体，以年月为经，以事实为纬，将大事条目按照时间顺序排列，以反映同时期大事之间的联系。大事记的编排方式有如下两种：

（1）编年体编排方式。这是完全按照时间顺序记述大事。有的大事记采用先分历史时期，再于每个时期中按年、月、日的顺序排列大事的方法；有的大事记则采用直接按照大事发生的年、月、日进行排列的方法。

（2）分类编年体编排方式。这是先按照事件的性质分类再按时间顺序记述大事，如《中华人民共和国大事记》就是采用此种方法，先按性质将事件分为政治、财政经济、军事、文化教育、中外关系五大类，每类下再分为若干属类，每个属类下的大事按年、月、日排列。

3. 大事记的结构分析

（1）题名。题名即大事记的标题，其结构包括大事记的对象、内容、时间、名称等要素。其中时间可以直接列入标题之中。

（2）编辑说明。编辑说明也可称为编者的话等，是对大事记编写情况的概要说明，其内容包括：编写大事记的目的和读者对象；编写大事记的指导思想和原则；大事记的时间断限、选材标准、材料来源等；大事记的编写体例、结构及某些需要说明的编辑方法、编者的情况等。

（3）序言。序言通常用来介绍大事记记述对象的情况，例如，介绍有关地区的历史发展、建制变化，有关单位的组织沿革、基本职能，有关专题的基本内容和特色，有关人物的主要生平事迹和社会影响等。序言的内容比较精练，篇幅短小，在编写上也可以与编辑说明合并。

（4）目录。目录也称"目次"，其作用是帮助读者查找大事记的条目。大事记的目录应根据编排体例编写。编年体大事记可以按照历史时期或年代列出大事条目所在页次；分类编年体大事记可按所分类目列出大事条目所在页次。

（5）正文。正文是大事记的主体，要求简明、清晰地反映大事的情况。

（6）按语和注释。按语是简要介绍某一事件或问题历史背景和要点的说明性文字，起总括下文、引导阅读的作用，通常排在每个时期或类目之前。注释是对于一些在大事记中出现的现代人比较陌生的人物、地名、词语等进行解释的文字，有脚注和尾注两种形式，其作用是帮助读者理解文中的含义。

（7）附录。附录是大事记的辅助材料，通常包括参考书目、大事主题索引、人名索引、地名索引、行政区划图，以及大事记涉及的地区、单位的具有代表性的数据或图表等。附录的种类根据大事记的内容和读者对象的特点而定，置于正文之后，便于读者查阅。

4. 大事的选择标准及范围

编写一部大事记首先需要确定大事的选择标准与范围。大事记中应选用确属重大事件的档案材料，避免事无巨细地加以罗列。但是所谓大事和小事在不同的时空条件下是相对而言的，因此，在确定大事时，要从大事记对象的实际情况出发加以选择，做到大事要事不漏、小事琐事不取，才能使大事记清晰而不烦琐，简明而得其要领，全面而概要地记述历史发展的真实面貌。

（1）大事的选择标准。

可以从如下三个方面考虑大事的选择：

第一，从史实的影响方面考虑在大事记所记述对象的范围内，属于全局性、典型性的事件，以及对现实工作和历史发展有重要影响的事件和活动，应作为大事；反之，那些局部的只有一般意义的事件和活动，可作为小事。

第二，从史实的特色方面考虑反映大事记对象的性质、任务、主要职能活动等方面特点的事件和活动应该作为大事；反之，那些反映非主要职能活动、不具有自身特点的事件和活动应该作为小事。

第三，从史实的背景方面考虑在大事记所涉及的历史时期中，反映党和国家路线、方针、政策，以及本地区、本组织中心工作的事件和活动，应该作为大事；反之，那些当时、当地一般性、常规性的事件和活动则作为小事。

（2）大事的选择范围。

根据以上标准，在编写组织大事记时，可以从以下几个方面选择大事：①组织的各种重要会议、重大活动情况。②组织领导人的各种重要活动情况。③以组织名义制定的方针政策，发布规定，做出的重要决定、决议、规划。④本组织的成立、撤销，以及隶属关系、职权范围、内部机构的变动情况。⑤本组织主要领导成员的任免、奖励情况。⑥本组织工作中出现的典型事件、事故。⑦上级组织或上级领导对本组织的重要指示，以及上级领导到本组织检查工作的重要活动情况。⑧报纸、刊物发表的关于本组织的经验、事故和批评的报道和重要新闻等。⑨重大成果（生产上的重大突破、科研上的重大发明创造、重要产品等），经济建设、文化建设、科学技术的重大变革和成就，以及重大公共设施的建设。

5. 大事记材料的收集与核准

（1）大事记材料的收集。一个组织在工作中发生的大事、要事很多，涉及工作的不同方面，因此，在为编写大事记收集材料时应尽可能通过各种渠道全面查阅有关材料。以编写机关大事记为例，收集大事材料的重点渠道包括以下方面：

第一，上级领导机关、业务主管机关及本单位的档案文件，它们记载了重要工作活动、重要事件等情况，具有权威性和准确性，是大事记的主要材料来源。

第二，上级领导、业务主管机关及本单位的简报、快报、月报、要闻摘报、动态等资料。这些材料记载了各个方面发生的各种类型的大事、要事、奇事，所述事实准确、清楚，是大事记的重要材料来源。

第三，报刊、电台、电视等新闻媒介的报道。尤其是当地的新闻媒介，经常宣传、介绍本单位的一些大事、要事、奇事，从中可以获得一些有价值的材料。

第四，地方史志、年鉴等纪实性资料。地方史志和年鉴通常是由官方组织、专业人员编写的历史文献，能够全面系统地记述一个地区各方面的情况，具有权威性，可以作为大事记一个重要的参考材料来源。

第五，口传史料。有些年代较为久远的大事，未见于正式记载，而在群众中流传。这种口传史料中也有一些确属事实，经考证可以收入大事记中。

第六，大事记录。有些单位建立了日常的大事记录制度，随时将本单位发生的大事记载下来，形成了比较完整的大事记录材料，因而可以成为大事记的材料来源。

（2）大事记材料的核准。大事记作为一种历史资料，应力求内容的准确无误。但是，由于所收集的材料来源广泛，其中难免有记述失实的情况。因此，应对收集的材料进行审查、筛选，以免将不实之事录入大事记中。

在编写大事记过程中，从不同渠道收集的各种材料其可靠程度有所不同，应注意区别掌握：第一，对来自口传史料的材料，应逐条详加考证，确认史实无误后方可使用；第二，对报刊、电台、电视等新闻媒介的报道，以及史志、年鉴中的记载也要分析，因为报道的时间、角度及取材的方法不同，有些材料有可能出现数据或事实不准确的情况，不能盲目采用；第三，本组织编发的简报、动态及各种档案文件中记载的事实一般比较准确，可信度较高，大部分可以直接采用。

核准大事材料的主要方法是将多种记载对照核实，也可以向事件发生的组织或当事人查询核实。

核准大事材料的步骤如下所述：第一，认真分析和研究每一条材料，发现不确切或不合理的地方，要考证清楚后再决定取舍；第二，大事记初稿完成后，应印发给有关组织或组织内部机构，广泛征求意见，订正事实，补充材料；第三，在定稿前，还应由该地区或组织领导审核把关，发现问题及时纠正。

6. 大事记条目编写的内容及方法

大事记的条目通常由大事时间和大事记述两部分组成，在每一条目中可注明大事材料的来源，以便查对。

（1）大事时间。大事记中的时间是大事发生的重要历史坐标，因此，必须记载准确的年、月、日，然后再按大事发生的时间顺序进行排列。有些特殊事件还要写明确切的时、分、秒。如果某条大事的日期不完整或不清楚，经考证后仍无法确定，则按以下的原则把握：日不清者，该条目附于月末，称为"是月""本月"；月不清者，附于年末，称为"是年""本年"；年不清者，一般不记。

（2）大事记述。大事记述是大事记的核心部分。它通过对许多重大历史事件的记述，反映一个组织发展的概貌及其规律性。因此，应选用确属重大事件的材料，避免事无巨细地罗列材料；同时也要防止片面摘取和割裂材料，不能全面地反映重大事件的真实面貌。其记述的方法和要求如下：

第一，一条一事。大事记中的大事记述要求一条一事，而不能将若干事件放在一个条目中综述。即使在同一时期内有许多事件需要记载，也应各立条目，或在该日期之下分段记述，以保证条目清晰，便于阅读。

第二，大事突出，要事不漏，小事不要。所谓大事，即指事件涉及的范围极广，影响较大，不仅在当时属重大事件，而且事后影响较久、较深刻的事件。以一个组织来说，涉及组织重要之事，如职工代表大会的召开、重大成就、重大变动等。所谓要事，即事件在一定的范围和时间内有较大影响，事后仍有一定的参考意义的事，如本组织某一方面的具体政策，较重要的科研成果和技术革新，较重要的专业会议等。一个组织每年有成百上千甚至更多的事件发生，大事是少数，多数是要事和小事。编写大事记时，应坚持大事突出，要事兼顾，小事不要的原则。如不区分大事和小事，凡事都记，大事淹没在琐碎的事务之中，大事记成了明细账，就没有什么参考价值。只记大事，不记要事，就会使大事记内容单一。记载要事是对大事的补充、衬托，使其内容丰富充实。通过选择，记入大事记的大事和要事，从横向来看，能够反映出每个阶段的组织特点和中心任务；从纵向而言，能揭示出本组织所经历的大事及其发展变化，以便总结经验教训。

第三，文字简明。大事记述的文字要简约、凝练、清楚，除了表述事实所必需的说明性文字外，一般不使用修饰性和描写性的文字。在记载事实时，地点、人物、内容或主要情节、性质等要素必须齐全，文字的详略要以将史实叙述清楚为准。对于重要会议，除记述其名称、会期、主要与会者外，还应说明会议的主题、主要议程、重要决议事项和结果等。对于史实中某些人们不熟悉、难以理解的内容，可在条目中简要说明，也可采用注释的方式说明。

第四，因果始末清楚。进行大事记述时，应注意将事情的源头始末、因果关系等交代清楚，以便读者全面了解和正确认识事实真相。记述时，对于那些过程为一天以上的事实，通常应采用集中或相对集中的方法，而不应按"日"记流水账。其中过程比较长并具有一定阶段性的事实，可以按阶段将事实分为若干条目记述，也可将事实首尾各记一条，并在记述中前后呼应。那些内容比较简单、过程又比较简短的事实，则可以将该事实的全过程记述于一条之中，写清起止日期，将条目置于事件开始之日或结束之日。

第五，观点正确，选材真实。编写大事记在分析人、物、事时，必须如实反映事物的本来面目。选材力求真实可靠，有根有据，对每件材料的形成时间和地点及内容的正确性都要认真加以鉴别。内容不实、根据不详者一般不予采用。

第六，可做适当评价。大事记一般只是客观地记述事实，不加编者的主观评论。但是，对于某些具有特殊性或开创意义的事件，除了将事实记述清楚之外，可以对其意义和影响做简要介绍，以帮助读者加深对历史事实的认识和理解。

三、档案的利用工作

档案的提供利用工作也称档案信息的开发利用工作，它是指通过一定的方式和方法尽可能地开发档案信息，直接向有关单位和人员提供信息服务。档案的利用是档案工作的目的，也是档案工作的出发点。直接利用工作是档案提供利用工作的主要途径，它的方法很多，常见的有以下几种：

（一）档案咨询服务

咨询服务就是档案管理人员以馆（室）藏为根据，向利用者提供档案的有关情况，或提供检索途径的一种服务方式。

1. 常见的档案咨询服务形式

（1）口头或书面答复咨询。以口头（包括面谈、电话）或书面（如信函、传真）等形式对利用者的咨询给予答复。这虽然是一种比较传统的服务方式，但是简便易行，成本较低，且与咨询者可以进行互动式的交流，缩短服务人员与利用者之间的距离，让群众真切感受到"档案就在我身边"。

（2）指导使用检索工具。向利用者主动介绍档案种类，指导利用者科学使用检索工具，为查找馆（室）藏资料与档案提供线索。这种方式适用于对所查询资料范围较广、数量较大，且有一定的专业性、知识性、情报性需求的利用者提供服务。档案管理人员的职责主要是提供相关的检索工具，指导其进行检索，而不是越俎代庖，包办代替。

（3）提供计算机网络服务。企事业单位的档案室可以运用计算机网络通信技术，在本单位计算机局域网络系统中设立网站（或开辟主页），建立档案资料目录（有条件的可建立文本）信息数据库，利用计算机网络信息平台，宣传、展示资料与档案工作，突破时间、地域的限制，提供资料与档案的查询利用服务，为利用者与服务者建立一条便捷的沟通渠道。

通过计算机网络，档案信息和社会信息相互交流、融合，实现了档案信息的社会化和社会信息的档案化。这不仅给资料与档案的利用方式，而且给资料与档案的接收方式也带来了新的变革。档案网站改变了过去"等客上门，被动查档"的传统服务方式，通过网上查档功能的设置，极大地方便了利用者，缩短了时间、空间的距离，这是一种现代化的档案利用形式。

档案通过计算机网络进行咨询服务的主要方式有以下几种：一是电子邮件数字资料。档案馆公布一个 E-mail 地址，利用者可以将需求通过电子邮件的方式发送，资料与档案工作人员在最短的时间内回复。二是实时交互利用网络技术。可以不受空间和地域的限制，建立利用者和专家馆员之间进行实时交流的通道。三是 FAQ（常见问题回答）资料。档案工作人员将利用者经常提出的 100 个问题进行汇总，给出答案，建立一个数据库，这样可以方便利用者查询。四是表单。表单给出了若干个项目，利用者根据自己的需求，在一级级菜单的引导下，选择自己感兴趣的信息或题目，填写表单并提交，专家及时给予反馈。五是 BBS（电子公告板）。即向公众提供远程访问的渠道，利用者在 BBS 系统上提出自己需要咨询的问题，由专家进行回复。

2. 档案咨询服务的步骤分析

（1）接受咨询。首先应了解利用者咨询的目的、内容、范围和要求。如果利用者提出的问题较简单，咨询服务人员有把握则可当即回答，或借助检索工具和有关材料，短时间内予以解决。问题比较复杂和困难的，可与利用者另约时间，等请示领导或经过考证后再予以答复。需要提醒的是，档案工作人员并非对利用者的所有咨询都要有问必答，如咨询问题的内容已超出本馆（室）业务范围或应由其他机关、组织办理，涉及党和国家机密尚未解密的，属于家庭或个人隐私不宜公开的问题等，可对利用者说明情况，谢绝提供咨询服务。

（2）查找信息。根据利用者提出的咨询问题，进行分析研究，确定查找范围，选定检索工具，明确检索途径和方法，查找有关的资料与档案，获取信息。

（3）回复咨询。经过咨询服务人员紧张而有序的工作，在迅速找到与利用者咨询有关的资料与档案后，即可以此为根据回复问题。回复咨询的方式，视具体情况而定，可直接提供答案，或提供有关材料复制件，或介绍有关查找线索等。

（4）建立记录。回复咨询应有意识地建立咨询服务记录。凡是重要的有长远参考价值的，或者可能重复出现的，或者解答不了的咨询问题，都应有完整的记载，包括各种原始记录、解答咨询的过程、最后结果等。

（二）档案的出具证明服务

出具证明就是档案馆（室）应利用申请者的申请，根据馆（室）藏资料与档案中的记载而出具的书面证明材料。

机关团体和个人为了处理和解决某个问题，往往需要档案馆（室）出具证明材料，用原始记录来说明一定历史事实，发挥资料与档案的历史凭证作用。根据利用者申请，为维护公民和组织的合法权益，解决人事、财产等方面的纠纷和诉讼，资料与档案管理部门可出具档案证明，从而满足利用者的需要，为机关团体或个人排忧解难。

1. 出具证明的要求

（1）引经据典。档案证明必须根据档案正本或可靠的抄本来编写，以引述或节录资料与档案的原文为主要方法，不可任意删改和添加，并要说明材料的出处和根据。如果必须由档案工作者根据档案内容综合或摘要叙述时，务必保证表述的准确性和真实性。

（2）格式规范。在证明材料中还应写明证明材料的接收者（申请者）以及制发证明材料的档案馆（室）的名称和制发证明的日期，以备查考。一般证明材料可分为文字式和表格式两种。

（3）手续完备。证明材料写好后，必须与原始材料进行认真的核对。经核对无误后，在证明材料的末端注明材料出处，如"该证明材料摘录自×××干部人事档案四类1-1"或"该证明材料依据×××资料与档案第×卷第×页内容提供"。送组织领导或本馆（室）负责人审查批准后，加盖机关公章。

2. 出具证明的手续

（1）提出申请。证明材料必须根据机关团体或个人的申请制发。申请书必须写明申请出具证明的理由，所要证明的事项及其发生的时间、地点等情况，以便资料与档案管理人员对申请书的审查以及证明材料的查找与编写。

（2）审查申请。由档案管理部门的负责人对利用者提出的申请进行认真的审查，并查看其个人身份证明。如果手续完备，则根据其申请内容，查阅有关资料与档案，为出具证明做好前期准备。

（3）出具证明。档案馆（室）是管理资料与档案的机构，不是国家公证机关，它不能代替其他机关的职权和任务。所出具的档案证明，只是向有关机关或个人证明某种事实在本馆（室）所保存的档案中有无记载和如何记载的，不是直接对某种事实下结论或给予某种权力。

（三）制发档案复制件

制发档案复制件，从传统意义上讲，就是根据利用者的需要发送和提供纸质文件的副本或摘录。近年来，随着电子文件的问世，利用方式也包括提供拷贝磁盘或刻录光盘。制发复制件可以扩大档案的服务面，满足利用者的需要；方便利用者，有查考价值的信息可以长期使用、重复使用；保护珍贵的原件，延长档案的使用寿命，使其能永久或长期保存；扩大资料与档案工作的社会影响，提高其利用效益。

1. 制发档案复制件的主要形式

制发档案复制件由档案管理部门接待人员办理，或经过档案管理组织同意后也可自行采用照相机、摄影机进行拍摄。复制档案资料，可按照有关规定收取复制成本费。根据利用者的不同需求，资料与档案复制件的制发，可分为下列三种形式：

（1）提供副本。副本就是根据利用者的需要，对档案原件所进行的全文复制。复制的方法可采用复印、扫描或拍摄等。

（2）提供摘录。摘录就是根据利用者的需要，选取档案原件的某些部分，通过摘抄、复印等方法进行复制，提供给利用者。

（3）提供电子文档拷贝。除了网上检索利用资料与档案外，对于特殊需求的利用者，还可采用光盘、磁盘或优盘通过刻录、拷贝等方法，复制用户所需要的电子档案，对外提供利用服务。

服务者在向利用者提供电子文档拷贝时，应将文件转换成通用标准文档存储格式，由利用者自行解决恢复和显示的软硬件平台。当利用者不具备利用电子文件的软硬件平台时，也可以向这些利用者提供打印件或缩微品，或者在计算机网络上提供可下载的文件。

2. 制发档案复制件的基本程序

（1）提出申请。由利用者填写复制档案的申请单，说明复制的用途、材料名称、份数和规格及复制的形式和方法等，报请有关部门或领导批准。所有复制申请单工作人员必须保留归档备查。

（2）进行复制。工作人员可采用抄录、复印、扫描、激光照排、翻拍、晒印蓝图、电子文档拷盘或刻录等手段对档案进行复制，以满足利用者的需要。

（3）完备手续。纸质档案复制件必须和原件仔细校对，并在文件空白处或背后注明档案馆（室）的名称、文档原件的编号，必要时加盖公章，以示负责。电子文档提供拷贝，也应履行签收手续，并按规定期限进行回收。

3. 制发档案复制件应注意的事项

制发档案复制件简便易行，能为利用者提供多种形式的服务，满足不同层次利用者的需求。但也有其不足之处：利用者看不到档案的原件，往往觉得缺少真实感；如果对印发的复制件不加以控制，易造成泄密的后果。因此，在制发档案复制件的同时，应注意以下两点：

（1）努力提高复制件质量。第一，提高复制件的质量和精确度，尽量满足利用者的要求。档案的复印由资料与档案管理人员负责，不得由利用者自行复印或外借复印。利用者要求复制（印）照片、录音带、录像带等非纸质载体档案，一律由资料与档案管理机构代为办理。第二，复印件一般只限一份，并加盖资料与档案管理机构的查阅章。档案复制件经管理机构盖章，注明原件档号，具有档案原件的效力。

（2）严格控制复制范围。第一，利用者要求复制的档案，须符合国家有关档案、保密和保护知识产权的规定。第二，所有未开放的档案经有关程序批准后才复制，未经领导批准，不得私自复制。使用一般在五天内退回档案馆销毁。第三，复印的档案材料必须严格按顺序做好登记手续，属于用后退回档案馆处理的复印件，工作人员按时追回并依章制进行销毁。第四，经资料与档案管理机构复制的档案，使用单位和个人均不得以任何形式公布、陈列展出或再行复制。

（四）档案的阅览与外借服务

1. 档案的阅览服务

档案的阅览就是在阅览室集中接待利用者，直接传播文献资料、情报信息，当面提供咨询服务。开辟阅览室是档案管理部门直接为利用者提供服务的主要方式之一。阅览室服务既便于档案的保护和保密，又能为利用者提供较好的阅览条件。它可以提高资料与档案的周转率和利用率，避免因一人借出而妨碍他人利用，它还便于资料与档案管理人员掌握利用档案的信息和追踪利用的效果。

随着社会主义市场经济的建立、发展，整个社会的物质文明程度有了很大提高，人们的思想观念和行为方式发生了质的变化。开放档案馆，在这充满文化气息的休闲场所，人们可以通过档案了解国家历史、政治、文化、经济等方面的情况，了解社会的变迁与发展，了解身边发生的大事，资料与档案逐渐发挥了积极的引导作用。

（1）可供阅览的资料及档案范围。

在一个组织中，通常情况下，任何员工都可以阅览各种非密资料和档案，但是组织的资料和档案对社会其他公民通常是不提供阅览的。这与公共档案馆是有区别的。秘书人员有义务为本组织的员工提供档案的阅览服务。就一个企业而言，可供阅览的资料有：常用的政策规定、条令、制度等，政府颁布的出版物，行业和协会的资料，各种年鉴，员工阅览权限内的客户资料，各种业务图书、手册，商业应用文文集，市内饭店、酒楼、餐厅、旅馆、会展场地、交通资料，剪报，名录，大事记，本单位人员通信录等企业共用的资料。就一个企业而言，可供阅览的档案是企业非密档案。通常科技档案、人事档案、会计档案等专门档案必须征得领导同意方可查阅。

（2）阅览室的设施要求。

第一，阅览室的选址。阅览室地址的选择，既要从方便利用者出发，又要从便于管理着眼，既适合于利用者的阅览和从事研究，又便于档案的调卷和归还。一般的机关、企事业组织可将其设置在资料室或档案室附近，与嘈杂的办公、会客、生产场所保持一定距离，相对独立。

第二，阅览室的环境。要求采光明亮、安静清洁。一般应设置服务台、阅览桌椅、布告栏、目录、监护设备等服务设施。室内可放置一些绿色植物，保持空气清新，温度适宜。

第三，阅览室的配置。应配置与馆（室）藏资料与档案有关的历史、经济、政治出版物，报刊、辞典、年鉴、手册和指南之类的工具书以及资料与档案检索工具等，供利用者辅助阅览。条件具备的单位除开辟大阅览室外，还可设立小阅览室，供专家学者查阅专门文件或系列文件等专用，或开设视听阅览室，供利用者查阅声像资料和档案。

第四，开辟电子阅览室。考虑到近年来随着办公手段现代化的普及，各种非纸质载体资料与档案的大量涌现，可开辟电子阅览室，并在档案的阅览设施方面提供相应的配备，如电子计算机（方便利用者阅读机读文件、光盘文件等）、录音机和放像机（方便利用者借阅磁带、录像带等）、阅读器（方便利用者阅读缩微胶片等）、投影仪（方便利用者鉴赏珍贵的实物载体档案等）。

第五，计算机辅助管理。为适应档案借阅现代化管理的要求，提倡利用计算机对档案借阅者进行借阅登记、归还登记，提供借阅预约登记，打印催还通知单，自动借阅管理系统可以随时打印出档案借阅清单，提供档案库存、借出、归还等信息。

第六，阅览室的休闲设施。有条件的阅览室还可开设存物区、休息区等，供利用者吸烟、喝水、接听电话等，为利用者提供人性化服务。

（3）阅览室的注意事项。

第一，建立健全规章制度。为了维护阅览室的正常秩序，确保档案的安全，阅览室应建立健全必要的规章制度，内容包括阅览室接待的对象、档案的借阅范围和批准手续、阅览室应遵守的各种制度等。

第二，控制阅览利用范围。为了保护档案的机密内容，利用者不能借阅与其利用范围无关的文件。对于残旧、脆化或特别珍贵的易损资料与档案最好提供复制件，一般不得借阅原件。尚未经过整理的零散文件，一般不予借阅。出于特殊情况，需要和可能借阅时，须逐件登记。

第三，保护资料档案安全。利用者必须爱护所借阅的档案，不得在文件上做任何记号和涂改，不得将所借阅档案带出阅览室。阅毕的档案应及时归还，不得无故延期。阅览室管理人员对利用者归还的档案要认真清点，如发现污损、涂改、遗失及其他异常情况，须立即采取措施，予以妥善处理。

第四，加强电子阅览管理。在利用计算机查阅档案时，应当特别注意不能让利用者提取到他不该知道的文件；应当要求利用者严格按照操作规定使用计算机进行阅读，未经培训的人员禁止上机，防止由于利用者的误操作造成信息的丢失；在提供机读文件时，要设置不可修改程序，防止利用者无意或有意地修改信息，导致信息失真，影响档案的真实可靠。

第五，收集利用信息反馈。为了不断改进阅览室的工作，更好地为利用者服务，阅览室应建立利用者登记和统计分析制度。通过对利用者类型、利用档案成分、利用效果、利用者意见的研究，取得阅览服务的信息反馈，定期汇总分析上述情况，可以了解利用者的意见和动向，掌握利用工作的某些规律性，以便不断提高档案利用工作的质量。

2. 档案的外借服务

档案的外借，就是利用者在办理一定的批准和借阅手续后，将档案借出馆（室）外阅看。从维护资料与档案的完整和安全出发，资料与档案一般是不借出馆（室）外使用的，只有在特殊情况下，为了照顾利用者工作方便，或某些机关必须使用档案原件作为证据，经领导批准后，才可以借出馆（室）外使用。但是对于特别珍贵的资料、档案、古稀文本，以及照片、影片、录像带、录音带等原件，必须坚持原则，不能借出馆（室）外。

（1）可供外借的资料与档案的范围。可供外借的资料与档案的范围主要有：上文中可供阅览的资料；法律、法规、规章、政策性和规范性文件，公开出版或已开放的文件汇编及其他资料；与本人工作紧密相关的本企业档案（经过主管领导批准）。不同组织要根据本组织的具体情况规定资料与档案的可外借范围。

第一，内部借阅。本组织领导或机关内部各业务部门负责人、有关工作人员如需借阅档案，须履行下列手续：第一，借阅档案的人员应填写"档案借阅单"，并经分管领导人批准后，到档案管理部门办理借出手续。第二，档案管理人员按照规定，要求借阅人填写"档案借出登记簿"，并对所填内容逐项核对无误后，方可将档案借出。第三，借阅人对所借档案进行清点核对后，必须在"借阅人签字"栏内履行签收手续。

第二，外部借阅。外单位来人借阅档案，应持有查（借）阅档案介绍信，写明利用者的身份、借阅目的、范围和借阅期限等，经本组织领导批准后方能借出。

第三，人事档案借阅。凡因考查、任免、调动、审查、组织处理、入党、入团、入学、选派出国人员、选拔干部以及其他重大事件进行政治审查时，可以借阅干部人事档案。在办理借出手续时，档案管理人员还要对借档人员的身份及与利用对象之间的关系进行核查，查阅人事档案者，必须是由组织委派的党员干部；任何人不能借阅涉及本人或直系亲属的资料与档案。

（2）办理外借应遵守的规章制度。档案借出后，该文本已不在档案管理人员的控制范围内，它的安全就会失去有效保证。为确保信息的安全，需要建立健全必要的档案外借规章制度。

第一，借阅期限。档案借出使用的时间不宜过长，一般不超过一个星期，借出时档案管理人员和借档人员应交接清楚。档案管理人员应在被借阅案卷的位置上，设置醒目的代卷卡，卡上标明借阅卷号、借阅时间、借阅组织和借阅人姓名、归还时间，以便检查和催还。

第二，阅读场所。利用者在借出档案后，应严格按保密规定办事：必须在安全有保障的办公室内阅读，不得擅自把材料带回家，下班前应把档案放在有保密装置的文件柜内，随手上锁。严禁存入私人办公桌抽屉里或者就放在办公桌上过夜。携带重要档案转外出开会时，中途不得探亲访友，出入公共场所，办理与文件无关的事。

第三，借阅范围。借阅者应负责维护被借阅档案的完整与安全，未经领导批准，不得随意扩大阅读范围或转借他人。不得私自影印、复制所借材料，更不得拆散、抽取案卷中的材料。阅读档案时，不能在材料上用笔勾、抹、涂、划，不能喝水、抽烟或吃零食，以免水杯打翻、烟灰掉落或油渍污染，从而缩短档案的使用寿命。

第四，完好性检查。档案管理人员在借出的材料归还时，要认真清点和仔细检查文件状况，并及时注销。若发现借出的档案有毁损情况，应及时请示领导，对有关责任人给予严肃处理，并对被损档案采取补救与修复措施。

第五，借阅反馈。借出的档案归还时，档案管理人员还应该请借阅人员做好利用效果登记，把档案在利用中的实际效果记录在案，便于为档案利用工作的统计提供依据，也可为档案编研工作积累素材。

第五节　档案的开放与公布

向社会开放是我国档案利用工作的一项重大改革，对档案事业有着极其重要的现实意义和深远的影响。开放档案就是将一般可以公开的和保密期满的档案，解除"封闭"，向社会开放，允许利用者在履行简便的手续后，即可通过一定的方式进行利用。当然，档案开放利用也不是无条件地到期开放，是有一定限制的。

一、开放档案的重要意义

第一，开放档案是有利于社会进步的新方针，是加快我国政治民主化进程的一个新步骤。开放档案，向社会提供更多的档案信息服务，可以有效地推动社会各项建设事业的发展，繁荣社会主义的科学文化。开放档案也是广大利用者的基本要求，体现了公民的民主权利。我国公民不但有为国家积累和保管档案的义务，同时也有享受利用档案信息资源的权利。开放档案有利于真正实现公民的这种民主权利。

第二，开放档案也是现代档案馆自身发展的一项重大措施。开放档案，能够使档案馆由封闭型、半封闭型向开放型的方向转变，真正成为社会各方面开发利用档案史料的中心，也是我国档案管理工作中心由保管向利用转变的体现。开放档案，可以使社会认识到档案的利用价值，从而为档案馆事业的发展，创造良好的外部环境条件。

第三，开放档案可以促进档案馆的各项业务建设。各级国家档案馆，通过开展开放档案工作，能够发现其他各项档案管理业务工作的缺点与不足，从而有利于改进其他各项业务工作的质量。开放档案，改变了过去不适当的馆藏结构及收集工作的政策，对档案文件的组卷方法、整理方法提出了新的要求，转变了检索工具单一、检索效能低的局面，同时也促进了档案提供利用工作及档案编研工作的开展。

二、开放档案的主要依据

（一）开放档案的理论依据

档案作用理论和档案价值理论，是开放档案的基本理论根据。档案的作用作为一种关系范畴，只有在档案利用实践中才能实现。档案发挥作用的规律性认识，是开放档案的重要依据之一。在档案利用实践中，档案部门应自觉地根据档案利用价值实现的程度、档案机密性的变化，合理地组织和开展档案开放工作。

从信息论角度看，档案的内容与载体均为信息源，档案的利用价值主要是指档案信息对利用者有用程度的量度。它既是绝对的又是相对的，是绝对与相对的对立统一。一方面，同样的档案对于不同的利用者可能有不同的价值；同样信息量的档案文件，对不同的利用者也不一定有相同的价值。另一方面，档案利用价值又是客观的、绝对的，对任何利用者它都具有相等的价值。开放档案，有利于实现馆藏档案的充分开发利用。这是因为它使更多的利用者参与利用档案的实践，从而使档案的利用价值（各种有用性、有益性）在满足利用者需求的过程中，客观地呈现出来，为社会创造更多的文化财富和物质财富。

（二）开放档案的实践依据

从世界范围看，从档案的开放原则和思想提出至今，开放档案的实践，为推动各有关国家的社会政治、经济、文化、科学技术的发展，起到了良好的促进作用。开放档案实践的直接结果，使档案利用者人次增多、档案利用率提高，因利用档案而产生的经济效益和社会效益明显增加，也促进了档案馆档案科学管理水平的提高。

开放档案不仅促进了档案提供利用工作的开展、提高了档案信息资源的开发利用水平，而且带动和促进了其他各项档案业务建设工作的开展，特别是对于档案的质量和数量、档案整理的质量、编目与检索的质量等，提出了新的、更科学的标准和要求。开放档案，体现了公民的民主权利，提高了整个社会的档案意识水平。

三、档案开放的标志与要求

（一）档案开放的标志

档案向社会开放的标志如下：

（1）开放档案与受控档案已经分开，并编制有开放目录。为了开放利用方便，档案馆要将开放档案与不宜开放的档案分开，各自编目。开放与控制使用范围档案应界限清楚，标记明显。

（2）档案开放的范围与数量已经同级党政领导机关正式批准，并向社会发布了开放档案的信息。档案开放的范围与数量多少，要经过同级党政领导机关正式批准后才可以向社会公布开放档案的信息，档案馆不可随意决定。

（3）在接待对象和接待手续方面已符合法规要求。接待对象和接待手续方面，按照《中华人民共和国档案法实施办法》的有关规定进行。

（4）已采取不同的形式向社会开放档案。可采取以下便于公众知晓的方式：第一，通过政府信息公开场所、政府公报等广而告之；第二，通过报纸、电台、电视台刊发、播放；第三，通过公众计算机信息网络、政府网站传播；第四，通过新闻发布会发布或其他形式宣读、播放；第五，出版发行档案目录、原文或摘录汇编；第六，公开发放档案目录、档案复制件；第七，展览、公开陈列档案或其复制件。

（5）已有数量不等的公民持合法证件到档案馆查阅所需要的档案。

（二）档案开放的条件与要求

档案开放的条件和要求如下：

（1）要有一定数量的档案和必要的阅览条件和复制设备。各级各类档案馆要积极地了解社会需求，做好档案的收集和征集工作，丰富馆藏，优化档案馆藏结构。一定数量的档案，尤其是满足社会需要的档案是开放利用档案的基础和前提。要具备必要的阅览条件和复制设备。这是开放利用档案的基本物质条件。

（2）档案已经过整理编目。开放档案应经过鉴定，并通过安全保密审查。同时开放利用的档案必须经过系统的整理，编成开放档案目录，供利用者利用。档案部门要及时审查馆藏档案的保管期限和密级，适时解密，确定开放档案的范围和数量，并及时将其整理，独立编撰成目录，以方便利用。

（3）要有开放档案的规章制度。开放档案是一项严肃而细致的工作，必须有严密的规章制度做保证。各级各类档案馆要依据档案法及其实施办法、档案馆开放办法等有关规定，结合实际情况，制定本馆的实施细则以及其他规章制度。比如，定期审查密级制度、寄存和开放办法、开放档案的利用办法、开放档案的公布等，这些规章制度为开放利用档案提供了保障。

（4）要处理好开放与保密的关系。处理好开放与保密的关系，明确档案开放的范围，是开放档案的基本要求。开放档案并不是无条件地敞开门户，不受任何限制。档案本身就有一定的保密性，档案部门在开展档案利用工作时，还必须注意档案的保密工作，把握好开放的"度"。开放是为了利用，保密也是为了更好地利用档案，更好地发挥档案的价值。因此在向用户提供档案信息时，对于机密档案，要严格按照事先确定的范围组织阅览，并要对不同级别的用户分别对待，明确不同用户以不同的利用权限。

（5）开放档案如有破损或字迹褪变、扩散，应经过修复保护。古老、珍贵和重要档案，应以复制件代替原件提供利用。

（三）档案开放的原则分析

最大限度地满足社会对档案利用的需求，保障公民、法人和其他组织档案利用权益，维护国家安全、公共安全、经济安全和社会稳定，保护知识产权和个人隐私。涉密档案提前开放，应向档案形成单位提出提前解密的要求并征得同意。捐赠、寄存档案开放，应征得捐赠、寄存者或其合法继承者同意，且不损害第三方利益。

四、开放档案的公布

公布档案，就是将档案或档案的特定内容，通过某种形式首次公之于众。档案利用工作是档案整体工作中最活跃的环节，利用工作做得好，会对档案工作的其他环节起到一定的推动作用。但是由于档案与其他信息不同，具有一定的机密性，所以档案部门在开展利用工作时，应注意以下方面：

第一，要通过多种形式加强开展档案利用工作。开展档案利用的方式和途径有很多，有档案阅览、档案外借、档案复制、网络化电子档案服务等，并且档案利用者的利用需求是不同的、特定的，为了满足利用者不同的需求，档案部门应通过各种途径了解本单位业务、形势和工作进展情况，增强超前意识，主动编写档案参考资料等，有的放矢、快速高效地做好档案服务工作。

　　第二，深层次开发档案信息是开展档案利用服务的前提。档案信息是海量的、零散的，而利用者往往希望得到集中的、有系统的档案信息以迅速地解决实际生活或生产问题，这就要求档案部门或人员按照利用者的需求，对有关档案材料的内容进行深层次开发，供利用者阅读使用。

第二篇 实践篇

第三章 医院档案管理的内容解析

第一节 医院病理科档案管理

一、病理科在医院中的作用

病理学（Pathology）是医学科学中的基础学科之一，它是基础医学与临床医学之间的桥梁。病理科是我国医院主要科室之一，直接为临床服务，主要职责为对人体切取的组织和细胞等进行观察，以确定疾病的类型，为临床决定治疗方案、确定手术范围提供依据，从而提高临床诊断及处理水平。在医院科研工作中，实验动物的形态学观察是实验教学中一个重要的可以重复对比的组成部分。在临床病例分析、个案报告、经验体会等文献中，没有确定的病理诊断做依据的文章是没有价值的。

二、病理科的工作范围

（一）医疗方面的工作范围

（1）临床各科送检的活检、手术标本及冰冻诊断。

（2）脱落细胞学检查。

（3）尸体解剖。

（4）参加院内疑难病例会诊及死亡病例讨论。

（5）院外切片会诊。

（6）法医委托会诊。

（二）教学方面的工作范围

（1）病理专题报告。

（2）临床课中有关病理部分的讲课。

（3）召开临床病理讨论会。

（4）培训本院各科年轻医师、研究生、外院进修的医技人员。

（5）提供教学需用的大体标本、照片、幻灯片等。

（6）储备材料供做手术前练习。

（三）科研方面的工作范围

（1）本院病理资料的统计分析。

（2）临床科研课题及研究生课题中有关病理及动物实验观察。

（3）保存记录玻片、蜡块资料，编写病理诊断索引。

三、送检标本的注意事项

（一）病理检查报告的规范用语

（1）病理报告书写应字迹清楚、规范，须经认真核实无误后再签名。

（2）按照最新国际通用的病理分类命名的中文全称书写。

（3）不使用简称（如将恶性黑色素瘤报告为恶黑）或英文缩写（如将系统性红斑狼疮报告为 SLE）。

（4）对新发现的罕见病，或以人名命名的疾病，应注明原文写法或文献出处。

（5）对诊断起决定性的特殊技术，如免疫组化、超微结构等结果，可简要注明。可以提出建议进一步检查，但不能涉及治疗。请专家会诊应注明。

（6）不能肯定诊断可用"考虑""疑为""不能排除"。缺少典型特异病变但不能否定临床诊断时，可用"符合"，请结合临床。淋巴结转移以分数表示，分母为总检查数，分子为淋巴转移（+）数，（0）为无转移。

（7）病理报告是诊断性报告，不必描述与诊断无关的形态结构。

（8）如以前曾在本院或外院做过有关的病理检查，应注明对比检查结果。

（二）送检活体组织检查的规定

（1）凡在本院手术切除、钳取、穿刺的标本均应送病理科检查。

（2）标本采取时要避免机械性夹挤，手指揉捏，尽快加固定液后送检，不能在空气中暴露过久。

（3）固定液采用10%甲醛溶液，不能用酒精、生理盐水代替，亦不能放入冰箱保存。瓶口宜大以避免将标本强行塞入，标本上可以覆盖棉花，但不能用纱布覆盖，固定液量以能将标本完全盖过为宜。

（4）送检单项目应填写无误，手术所见、标本来源、左右位置及术中诊断意见尤应填写清楚。

（5）病理报告可在接到标本后三天发出，但遇到个别情况可后延，如标本须脱钙处理，再切片；须重切复染，加做免疫组化、特殊染色等；须保留标本做教学科研资料；须请专家会诊时。

（6）临床医师对诊断有不同意见，应在接到正式报告后及时提出，如非教学科研需要，标本将在报告发出一个月后处理。

（三）送检冰冻切片的规定

（1）冰冻切片应在手术前一天通知病理科。

（2）冰冻标本必须新鲜立即送检。

（3）送检单应与冰冻标本同时送到病理科，并注明手术所见取材部位及手术诊断。

（4）碎渣、液体、坏死物、脂肪、骨及钙化组织均不适宜冰冻。

（5）冰冻结果以电话或对讲机口头通知术者。

活检结果可以作为临床诊断确诊依据。冰冻切片可以作为决定手术范围参考，但正式确定诊断仍以石蜡切片为准。

（四）送检脱落细胞学检查的规定

（1）脱落细胞学检查主要包括痰、尿、胸水、腹水、乳头溢液以及肿物穿刺、宫颈及阴道涂片等。

（2）必须使用病理科送检单，不能用检验科化验条替代。有关标本来源、临床诊断及重要的检查均应填写清楚。

（3）送检脱落细胞标本，总的原则是标本采取后尽快送到病理科，容器应清洁无污物，不能加固定液，放入冰箱或久置过夜均不适于检查。

（4）痰应为晨起洗漱后第二口痰，不可将唾液、鼻涕混入，血痰例外。胸腹水抽取后送检 500 ml 为宜。尿也应为刚排出者，不能放置过久，并应注明是否导尿。乳头溢液、胃冲洗液及食管拉网一般由临床医师或细胞学室涂片送检。肿物穿刺物少许液体可以涂片送检，如有小块组织可加10%甲醛溶液固定后，送做活体检查。

（5）涂片检查可在三日内发报告。脱落细胞学不能显示病变组织结构，只能确定细胞的良恶性，必须进一步活检确诊，单独细胞学诊断不能作为手术依据。

（五）送检尸体解剖的规定

（1）凡在本院死亡病例，均应尽力争取尸体解剖，不能争取全部时亦可争取部分解剖。

（2）尸检必须由家属或单位负责人同意（病理科备有专用同意尸检单）。病人遗嘱或家属提出自愿捐献遗体时，必须澄清是做尸体解剖或只是为送大学生实习捐献遗体，如为后者必须由医务部门与相关单位联系，并非病理科工作范围。

（3）尸检请求单必须填写清楚，尤其是主要疾病及死亡前病情变化，有无特殊要求等。

（4）尸检日期由病理科决定，但应与临床争取尸检医师取得联系，要求临场观察，提供临床资料以期澄清疑问，这样双方均可提高水平互相促进。

（5）死因不明的急诊病例，或有他杀被害可能出现法律纠纷时，应由家属报请公安部门由法医解剖，病理科可协助。

（6）尸检时本院医务人员及学员均可参观提问，但非正式结果不应向外界随意传告。

（7）正式报告可于一个月内发出，确定诊断以此为准。家属或机关负责人提问，统一由负责临床医师解答，谈话内容应事先与病理科联系，取得一致意见。

（六）送检实验动物的有关规定

（1）本科接收各临床科室或研究生送检的实验动物形态学观察，凡未经病理科主任同意私自找病理科技术员联系制片涂片，对其质量结论后果概不负责。

（2）必须由执行科研计划的医师介绍研究内容、预期时间、要求病理科协助目的，再由科主任指派病理科主治医师及主管技师负责保证完成。

（3）有关处死动物、取材方法、特殊要求及污物处理均需双方预先商定。切片制成后尽快进行镜下描写、讨论，可代照相和制作幻灯片。

（4）病理结果起重要作用，或描写讨论比例较大的论文，在上报或公开发表前必须经病理科同意，有关署名、获奖问题事前应解决。病理科在此方面不是主导，只处在协助地位。

承担实验动物的病理观察，对病理科日常工作来说并非轻而易举，因为：①实验动物品种纯系要求严格，解剖组织学与人并不相同，病理学家必须具有此方面知识；②实验动物脏器进行脱水浸蜡时间不能与人体活检共用一套程序；③实验动物常为同一脏器大量成批送检，切片制成后很少只做常规 HE 染色，病理科必须由专人查对，并预做重切特染。

四、病理科质量的评估标准

病理科虽然只是一个辅助科室，但在医教研方面却是一个不可缺少的关键部门。对于一个医院的整体水平、声誉和业绩都有一定的影响。21 世纪国际经济竞争和技术革命的挑战，人才资源的开发利用，各年龄阶段的衔接，是各级领导必须重视的首要问题，因此，医院领导除检查病理科的业务成绩之外，还应重视其管理水平。鉴于目前评比标准尚有不够完善之处，建议分五个部分检查，即诊断水平、技术水平、教学水平、科研水平及管理水平。基本按照三级甲等医院标准规定的内容加以修订增补。

（一）诊断水平的评估标准

1. 细胞学检查的标准

（1）本年度平均每月收到标本件数和来源分类。

（2）与切片对照符合率及与临床诊断符合率。

（3）穿刺细胞学检查项目、件数及操作者；手术切片与临床诊断对照符合率。

（4）专职负责细胞学诊断的人数及职称。

2. 活体组织检查的标准

（1）本年度平均每月收到标本件数与各科送检的百分比。

（2）收到标本至发出报告时间及迟延原因的分析。

（3）冰冻切片诊断与石蜡切片的符合率（95%），送来标本到电话报告时间能否在半小时左右，能自切、自染、独立发报告的人数及职称。

（4）特殊标本取材、描写和决定保留标本照相，负责指导的人数及职称。

（5）误诊、漏诊、丢失、错号、漏切、漏描写的原因分析和处理方法记录。

（6）住院医师独立发报告的年限及考核标准。

（7）外院送检的标本件数与收费规定。

（8）每月须请外院专家会诊次数，病名分析。

（9）具有诊断法定传染病能力的人数及职称。

3. 尸体解剖检查的标准

（1）本年度月尸检例数，占当月全院死亡总数的百分比；各科送检数占该科死亡总数的百分比及病种分析，近10年来的比较。

（2）本院尸检例数上不去的原因分析，要求达到15%是否太高，病理科方面的原因及解决建议。

（3）临床通知至尸检时间，尸检至发出报告时间，发出报告至召开临床病理讨论的时间，以及未能召开的原因。

（4）能独立尸检的医师人数、年限及考核标准，能协助尸检技术人员的年限及考核标准，能否与观看尸检的临床医师展开讨论。

（5）有无随时照相或录像设备，须保留的教学或科研标本是否已及时制成、存档并已使用，特殊病例是否已与临床协作总结成文。

（6）本年度科主任亲自主刀、现场指导、复查标本切片及改正报告的尸检例数。

（7）解决医疗纠纷事件水平的自我评估。

（二）技术水平的评估标准

技术员担负的工作占科内总工作量的比例以及对病理科质量的影响。

（1）由谁负责技术室领导工作，权限范围，专业工作的时间及职称。

（2）技术室（包括登记收发、切片制作、常规及特殊染色、免疫组化、细胞穿刺、尸检、标本、资料、库房等）总的要求应做到：①整洁有序；②消毒完善；③维修及时；④勤俭节约；⑤资料完整；⑥不出差错；⑦禁烟防火；⑧绝不因技术室而延误发报告。

（3）切片质量优良率达到85%的标准：①组织完整、薄厚均匀、平铺无折、无刀痕；②着色对比鲜明、背景清晰、透明度好；③封胶不溢，无气泡；④标签无误，字迹清楚。

（4）能开展特殊染色的种类名称，能否立即应用或须请购试药再行配置。

（5）免疫组化染色能开展的项目、质量及可靠程度，占每月常规诊断的百分比。

（6）是否已将超微结构列入诊断方法中，本年度例数；医技人员中已掌握取材、送检、操作程序及描写诊断的人数与职称。

（7）能制作大体标本、黑白或彩色照片、显微镜照相、幻灯片及录像的人数与职称。

（8）将新技术、新方法、闭路电视和电脑操作，实际应用于具体病例或科研协作中的人数与职称。

（三）教学水平的评估标准

衡量医院病理科教学水平，应有别于基础医学院病理系教学要求。重点应是明确概念、诊断依据，并能结合临床联系实际。

1. 病理学讲授的安排

（1）能为医大、护校、卫校学生讲授病理课的人数、职称、内容、学时、效果。

（2）能为研究生开高级病理课的人数、职称、题目、效果。

（3）应邀外出讲课的人数、职称、题目、地点、机构名称。

2. 临床病理讨论的开展

（1）年召开次数与之共同召开的科室与内容：病理部分主讲人的职称及效果；科主任参加次数及总结性发言的记录本、总结文章的底稿等。

（2）未能及时召开的原因分析，病理方面的责任及解决方法。

（3）本年度参加疑难病例、死亡讨论及医疗纠纷会议次数。

3. 教学资料的积累

（1）病理诊断索引和相应切片。

（2）尸检记录、大体标本、照相或幻灯片。

（3）国内、国外专业论文及内部交流资料。

4. 医技业务水平的提高计划

（1）本科医技人员各年龄段业务提高总设想。

（2）每人的具体计划内容、落实程度、指导与检查的负责人。本科的中心任务与个人兴趣特长相结合的情况，可以实例说明。

（3）本科定期业务学习次数、题目、主持人、参加人员、约请基层和挂钩医院参加的次数、人数及单位名称。

（4）临床轮转、外语培训、仪器操作、专业定向的安排。

（5）外出参加学术会议或培训班的规定。

5. 进修的安排

（1）近五年来接收外院进修以及人员数目、来源、双方满意程度、回去以后信息交流情况。

（2）接收本院临床各科室医技人员及研究生来科短期研修的人数、计划与辅导安排。

（四）科研水平的评估标准

病理科只有长期不断地开展科研工作，方能提高自己的业务水平。而临床科室的科研工作，无论是结合临床或是实验室研究，也必须有病理科的参与协作。

1. 近五年来发表论文统计的评估

（1）本科与临床科室或外院协作发表的论文或专著题目、期刊名称、出版社名称、卷页与年份、中文或外文。

（2）论文内容分析：实验性研究、病例分析、个案报告、文献综述、经验介绍、技术交流、临床病理讨论、译文等。在国外或国内期刊发表篇数，收录在会议论文汇编或内部交流资料中的篇数。

（3）年内已发表、待发表、已送出、待完成的论文篇数、题目和期刊名称。

2. 正在进行科研工作的评估

（1）科研选题：①独立进行的理论性实验研究；②与临床协作结合实验室工作的研究；③总结病理诊断经验的研究和进展情况。

（2）病理方面的主要负责人、助手、职称及承担比例。

（3）经费来源和在该项研究中的使用情况。

（4）有关成果分享、署名前后、经济效益、专利或版权等有关协定或法律约束力。

3. 已毕业人员的评估

已毕业研究人员或正在培养的硕士、博士研究生人数，研究方向、进展情况、导师职称、代培或联合培养、毕业后流向。

（五）管理水平的评估标准

科主任既是行政领导，又是学科带头人。因此，除检查其业务能力外，还要考核其管理水平，即工作能力应成为检查评比重点。

（1）本科各层次人员数目与编制人数比较，并逐一分析其最后学历、毕业后原在何处工作、性质、时间、调来原因；在本科工作年限、表现与其技术职称及职责范围是否相称；外语水平；是否曾到国外访问进修或短期参观开会。

（2）医院下发的规章制度、通知、文件是否齐全；是否做到人人均知并自觉遵守；科主任会议及早会内容是否及时传达；有无工作日志。

（3）科主任每月用在诊断、教学、科研、行政事务、外出开会等各项工作的时间，约占百分比。科主任外出是否安排代理人，允许代行解决的权限范围。

（4）对梯队长远规划的设想：为保证后继有人，不致断档所采取的措施办法、自己干部的业务能力、思想状况、家庭影响、群众关系等是否有充分了解；如拟向科领导方面培养时，尤其要对其是否责任心强、乐于助人、工作细致、知识面广、业务、外语有一定水平，在本科工作时间不少于三年，以及有无出国定居倾向等，要认真考虑。

（5）本科经济效益、奖金分配比例及群众满意程度。

（6）对考勤考绩、清洁卫生、防火防盗、库房保管、奖金分配以及易燃易爆、剧毒药品管理等有无专人负责，可与相关人员会谈，了解其负责程度及工作上有无困难。

（7）库房有无积压及待处理物资。对大型进口贵重仪器长期未能开箱使用原因分析：型号不对、机型设计过时、试剂未到、零配件不全或不会组装，房屋不够或人员待培训，谁应负主要责任。

上述诊断水平、技术水平、教学水平及科研水平，可采取事先填表，实际考查，同时征求本院其他医技及临床科室意见综合得出。管理水平的评价除采取以上措施外，还应请科主任回答以下问题：①本科优势和劣势是什么，学科建设处于国内和国际的什么水平。②本科可进行国际学术交流的人数，与国外学者联系情况；科内已到国外进修、学习人员的情况。如何体现重视跨世纪青年学术带头人的培养，如何创造为青年人才脱颖而出的环境和条件。③当前世界上病理领域的新技术、新进展是什么，本科工作设想。④如何提高科研能力和水平。

五、标本取材的标准化

病理最终诊断的可靠性取决于从采取标本到发出报告的整个过程，任何一个环节的失误都可能导致错误的诊断，病理切片的制作过程需要经过十几道程序。因此责任心和技术能力是很重要的，病理描述取材虽然简单但在诊断中却有重要意义。已发表的专著和文章对标本的大体观察及镜下形态描述涉及较多，但对标本的取材规范化提及很少。我们在会诊病例中经常遇到取材不规范的现象，如软组织肿瘤切片不见切缘标记，乳腺、直肠切片等不见基底标记等，特别是一些规模较小的病理科，取材少，常影响到最后诊断。例如，甲状腺肿瘤特别腺瘤或滤泡性癌的切片找不到包膜，以及肿瘤与正常交界处这样的切片对于诊断会造成很大的困扰。我们知道对甲状腺滤泡性癌的诊断主要依据肿瘤对包膜及血管的侵犯，所以对于甲状腺直径 5 cm 以下孤立性包膜内结节，整个的周边及（或）邻近的甲状腺组织均应取材，且不应少于四块，肿块每增加 1 cm 多取材一块，对于多结节病变原则上每个结节均应取材，但可根据经验，对可疑处多取。块数不应少于肿物或整个组织的最大径数。目前国内一些医院病理科为了节约开支，取材较少，这样会直接损害患者的利益，影响诊断和治疗，故取材规范化非常重要。

第二节　临床实验室档案管理

一、临床实验室的服务、作用与功能

（一）临床实验室提供的基本服务

实验室应以采用对患者伤害最小的方式，及时、准确地提供临床所需的诊断和治疗信息为服务宗旨。实验室的最终服务对象是患者，直接服务对象是临床医师。医院的实验室服务通常包括临床病理和解剖病理两种形式，临床病理等同于我国的检验科工作，解剖病理即指医院病理科的工作。实验室服务可以概括为以下几种类型：

（1）临床化学。对人体不同成分浓度的检测。

（2）临床血液学。对血液及其组成成分进行研究，如白血病、贫血和凝血异常的诊断。

（3）临床免疫学。免疫反应相关因素的评价，包括正常免疫反应（如对病毒）、异常免疫反应（如 AIDS）、自身免疫反应（如风湿性关节炎）的评价。

（4）临床微生物学。研究人体内的微生物，如细菌、真菌、病毒、寄生虫等。

（5）临床输血研究。血液收集、匹配性和安全性检测、血液发放等。

（6）结果解释。为临床医师就检验结果的临床意义进行咨询，也可以就下一步的实验选择和治疗方案进行讨论。

实验室的服务不能局限于提供一个定量或定性的检验报告，其技术含量应重点体现在对检验项目的选择和检验结果的解释上，在这个方面我国的检验医学与发达国家相比还存在较大的差距，应该引起医院管理者足够的重视。

（二）临床实验室的作用与功能

实验室的作用体现在利用必要的实验室技术在建立或确认对疾病的诊断、筛查、监测疾病的发展过程和观察病人对治疗的反映等方面提供参谋作用。

（1）诊断方面。医师可以根据检验结果并结合病人的症状、体征和其他物理学检查综合对患者所患疾病进行诊断，如乙肝两对半可帮助对乙型肝炎的诊断。另外，检验结果虽不能帮助对病因进行诊断，但可以建立初步诊断以帮助治疗，如对不明原因低血糖症的诊断。

（2）治疗方面。检验结果可用于追踪疾病发展过程，监测治疗效果，指导治疗用药，如乙肝 DNA 的定量检测可帮助对乙肝病人的治疗。同时监测治疗可能引发的并发症，如监测使用利尿剂治疗心衰时可能出现的低钾血症。

（3）筛查方面。首先可对健康人群如献血员、从事餐饮业工作人员及新生儿相关疾病的筛查；其次也可对处于已知危险人群如表面抗原携带者的亲属进行乙肝项目的筛查、对有心血管病家族史成员进行血脂的检查。

（4）预后方面。检验结果也可提供预后信息，如血清肌酐水平可以提示患者的预后以及何时需要进行透析治疗。临床实验室的功能为在受控的情况下，以科学的方式收集、处理、分析血液、体液和其他组织标本并将结果提供给申请者，以便其采取进一步的措施，实验室同时应提供对诊断和治疗有益的参考信息。

虽然随着科学技术的进步，检验医学在疾病的预防、诊断和治疗中发挥着越来越重要的作用，但实验室工作人员应切记检验结果多数情况下只是医师在实施诊断和治疗过程中的一个参考信息，不是决定性因素。但是，在某些特定条件下，检验结果也可能成为决定性信息，如血型检验结果对输入哪种血型的血液就是决定性信息，表面抗原阳性对欲从事餐饮服务业人员即为决定性信息。实验室工作不是将自动化仪器打印出的结果告知临床医师或患者这么简单，检验人员也不能仅仅满足提供准确、及时的检验结果就算完成任务，实验室的技术含量还体现在检验医师分析前对临床医师在检验项目选择上提供咨询意见，对分析后检验结果进行解释，帮助临床医师的进一步诊断和治疗。临床实验室的检验质量不仅仅是购置先进的仪器设备就可以解决的，建立完整的质量体系才是实验室作用和功能充分体现的根本保证。

二、临床实验室的管理

（一）实验室管理必须具备的条件

管理渗透到现代社会生活的各个方面，凡是存在组织的地方就存在管理工作。成功的实验室管理至少必须具备以下五个条件：

（1）实验室希望达到的目的或目标。实验室的工作目标是以经济的和对患者伤害最小的方式，提供有效、及时、准确的检验信息，满足临床医师对患者在疾病预防、诊断、治疗方面的需求。当然，不同实验室的工作目标也可有所不同。例如，有的实验室可将目标瞄准国际一流，参加国际上统一标准的实验室认可，争取与国际接轨，有的可定位为地区内检测项目和水平领先的实验室，也可以将目标定位于主要满足本院临床医师和患者的需求。目标确定以后，实验室应进一步确定分目标以保证总目标的实现，这些分目标应紧紧围绕总目标而制定，如检验质量水平的分目标、检验周转时间的分目标、盈利水平的分目标、检验覆盖水平的分目标等。总目标是长远计划，分目标为近期计划。

（2）管理者必须具有领导团队达到目标的权力。要达到实验室设定的目标，实验室管理者必须具有相应的权力，如实验室内部组织结构的设定权、人事安排权、财务分配权等。医院领导只有授予实验室管理者这样的权力，才能保证实验室管理者在实验室中的领导地位和权威，有利于实验室工作目标的实现，有利于医院工作总目标的实现。目前多数实验室的管理者在实验室内部没有相应的人事权和财务权，这些因素成为对实验室管理工作深入开展、实现实验室工作目标的最大制约。

（3）必需的人力、设备、资金等资源。资源是实现实验室工作目标的基础，没有资源作为保证，任何形式的组织目标都会成为空中楼阁。比如，实验室的检验周转时间工作目标非常明确，但如果没有足够的技术人员、自动化的仪器，就不可能满足临床尽快返回报告的要求；如果没有既了解实验技术又熟知临床医学的检验医师，就不可能达到对临床提供咨询服务的工作目标；没有相应的仪器设备，就无法开展相关的检测项目。

（4）个人工作岗位描述和工作目标。实验室管理者应该有效整合实验室工作目标和个人工作目标，每个岗位的工作内容都应该围绕完成实验室的总体工作目标而设定。因此，要对每一个工作岗位包括领导岗位进行详细描述并明确其职责，同时明确专业组之间、工作人员之间的关系。切忌出现一个工作岗位受多人领导的情况，对每个岗位的工作描述最好能有量化指标，这样便于了解和评价工作人员的具体表现。

（5）评估与改进实验室。应定期（通常为半年或一年）对其工作情况进行评估，这种评估要紧密结合实验室制定的目标是否能够实现、实验室在资源的整合上是否存在缺陷、实验室工作人员是否能够达到该岗位的需求等开展。评估的结果主要为了改正工作中存在的不足，有利于工作目标的顺利实现。

（二）实验室的管理者

管理者是指在一定组织中担负着对整个组织及其成员的工作进行决策筹划、组织和控制等职责的人。管理者在管理活动中起着决定性的作用。管理者的素质如何、管理机构的设置是否科学、管理职能的确定和运用是否合理等，直接影响管理的效果。

实验室管理者要在管理活动中有效地发挥作用必须要一定的权力和能力，实验室管理者的权力通常是通过医院领导任命和授权取得的，但我们不应忽略实验室管理者本人的威信和声望所获得的影响力也是权力的一个重要组成部分。实验室管理者的能力主要是指组织、指挥能力，技术、业务能力，影响、号召能力，作为一个实验室管理者，要尽量满足这三种能力要求，但是在不能求全的情况下，对于管理者而言，最主要的能力应该是组织和指挥能力。因为实验室管理大量的是组织、指挥、协调工作，而不是单纯的技术、业务工作。设计每一个检验项目的工作流程，组织实验所需资金和设备等资源，提供检验结果和服务，努力满足医生、患者和医院院长的需求是实验室管理者必须掌握的技能。目前我国的现状是实验室管理者多是生化、血液、免疫、微生物中某个专业的技术专家，技术和业务能力较强，影响、号召力也有，唯独缺乏组织和指挥能力，缺乏在此方面的系统培训。医院领导和实验室负责人一定要认识到组织指挥工作对实验室的重要性，中华医院管理学会临床检验管理专业委员会也应组织相应的培训，帮助实验室管理者尽快提高自己的管理水平。

实验室要想取得成功，就必须有具有领导和管理才能的人员承担起实验室的管理工作。实验室管理者要有清晰的管理思路和工作方式，必须拥有敏锐的洞察力，善于发现检验技术的发展方向，接受过良好的教育并具备相应的管理能力，有良好的身体条件，精力充沛，反应敏捷，思路开阔，勇于开拓，愿意承担责任，有从事检验工作的知识、经验和教训，对经营、财务管理等专业知识有一定的了解。

（三）实验室管理人员的工作方式

现今的医疗环境要求实验室的工作应具有有效性、准确性、时效性、经济性和安全性，而实验室的检验项目、检验技术、分析仪器、实验人员等工作环境总是处在不断的变化之中，这就对实验室管理提出了很高的要求。尽管实验室的工作环境在不断变化，但实验室管理的工作模式可以相对稳定，现就实验室管理人员的工作方式建议如下：

（1）在与医院领导、临床科室及医院有关部门商议后，明确实验室能够提供的检验服务和水平。

（2）配备足够的设备和人员等资源满足医师、患者等实验室用户的需求。

（3）实验室工作人员接受过专业和管理的双重教育和培训教育并达到国家规定的相应资格要求。

（4）建立实验室质量保证体系，制定实验室管理文件，定期审核和修订以保证质量体系的正常运转和不断改善。

（5）对实验室的收入和支出应实行有效的管理和控制。

（6）积极参加临床实验室认可活动，从管理和技术两方面对实验过程实施从分析前、分析中到分析后的全面质量控制。

（7）建立实验室内部和外部的沟通制度，沟通必须是双向的和开放的。

（8）实验室应有发展规划，要对实验室有明确的定位、未来希望达到的目标以及在现有的环境下通过采取什么样的措施才能达到这个目标。制定短期应达到的分目标应是整个战略发展规划的一部分。

（9）检验结果必须以准确、完整、易于理解的方式迅速送达医生等手中。

（10）实验室有责任就检验报告为临床医生提供科学的解释和参考意见。

（四）临床实验室的管理过程

实验室管理是整合和协调实验室资源以达到既定目标的过程。管理过程通常由计划、组织、领导和控制四个阶段组成。计划阶段主要指确立实验室工作目标，实行目标管理；组织阶段则是指对实验室内部的人、财、物等各种资源进行有效整合和分配；领导阶段是指实验室管理者应建立一系列规章、制度和标准，并依据有关规定领导实验室人员的具体工作；以建立的文件对已做的工作进行对比检查，协调、控制整个检测过程，并修正已建立的目标及相关程序，此为控制阶段。管理过程中计划、组织、领导和控制并不是完全独立的，实际工作中管理者常常须同时进行几项工作。管理过程的运行循环往复，可不断改进与完善。

1. 计划

计划是指通过对相关信息进行分析并评估未来可能的发展，从而决定未来应进行的行动的过程。

从实验室的角度来说，确定实验室未来的方向，从而考虑怎样利用资源达到实验室的目标，便是实验室的计划。管理的首要活动是计划，计划将对未来产生重大影响。如果一个实验室没有计划，其活动必将是凌乱无章，很难取得良好的结果。实验室管理者的一个重要职责就是制订计划，实验室的远期目标和近期目标是计划的重要内容。计划主要包括建立工作目标、评价现实状况、明确时间进度、预测资源需求、完成计划内容、听取反馈意见等内容。管理者应首先确立实验室的长远发展目标，然后围绕长远目标建立近期工作计划，如远期目标是建设与国际接轨的、通过实验室认可的实验室，在确定这个远期目标后，近期目标应该包括何时能够配置满足认可所需的实验室设备、空间和人员，何时完成认可所需的文件准备，怎样建立实验室的质量体系。总之要有计划、有步骤地满足实验室认可管理和技术两方面的全部要求。近期目标要与远期目标有效结合，要围绕着远期目标完成。目标制定以后的具体工作，如书写标准操作规程和程序文件可以由专业组或技术人员完成。

实验室的内外部环境总是处于不断的变化之中。要注意的是，计划并非医院领导的专利，实验室和其下属的专业组都要计划怎样达到自己的目标。

2. 组织

组织是有意识地协调两个或两个以上的人的活动或力量的协作系统。有了计划以后，便要将机构组织起来，以便完成计划的目标。通过计划确立了目标以后，就要将实验室内部的人、财、物等资源合理配置，建立组织框架，妥当划分工作范围，高效利用现有资源，努力实现已制定的目标。实验室的组织结构为金字塔形，通常以组织框架图来表示，它明确了实验室中的上下级关系，专业组之间以及工作人员之间的关系。实验室管理者应投入一定的精力建立和维持这种层次关系，维护这种层次关系主要应通过制定实验室规章制度、工作流程、程序文件来实现。

在进行组织活动时应注意以下原则：

（1）目标性：每一个工作岗位都有明确的工作目标和任务，这些岗位目标应与实验室的总体目标保持一致。

（2）权威性：必须明确界定每一工作岗位的权限范围和内容。

（3）责任性：每一工作人员都应对其行为负责，责任应与工作权限相对应。

（4）分等原则：每一个工作人员都清楚其在实验室组织结构中所处的位置。

（5）命令唯一性：一个人应只有一个上级，不宜实行多重领导。

（6）协调性：实验室的活动或工作应很好地结合，不应发生冲突或失调。

3. 领导

领导是指影响、指导和激励下属，使下属的才能得以发挥，从而促进机构的业务。

现代的管理者认为领导是一种影响力，是对人们施加影响的艺术或过程，从而使人们情愿地、热心地为实现组织或群体的目标而努力。

领导的本质是影响力，领导者依靠自己的个人魅力把组织中的群体吸引到他的周围，取得他们的信任，实验室中的工作人员心甘情愿地追随他为完成实验室的目标而努力工作；领导是一个对人们施加影响的过程，是一门艺术。领导者面临随时可能发生变化的内外环境，面对不同背景和需求的人，因此做好领导就一定要有影响能力；领导是一种目的性非常强的行为，它的目的在于使人们情愿地、热心地为实现组织的目标而努力。

4. 控制

控制就是监督机构内的各项活动，以保证它们按计划进行并纠正各种重要偏差的过程。其目的是要确保每个员工都朝着既定的目标前进和发展，以及尽早把错误改正过来。如果所有上述管理过程进行十分顺利，则不需要进行控制工作，但事实上这是不可能的。控制活动主要涉及建立控制标准、衡量执行情况和采取纠正行动来完成。

（1）建立控制标准。建立标准是实现有效控制的基础，实验室应尽可能地为各项工作建立标准，以评价工作的执行情况。由于管理者不可能对所有过程进行监督并与标准进行对照，故应挑选出一些关键的控制点，通过对它们的衡量和监督实现对全部活动的控制。如在实验室的质量管理中，建立室内质量控制标准，用2倍标准差或3倍标准差监测检验的重复性是否良好。

（2）衡量执行情况。实验室管理者可以通过个人观察、统计报告、书面报告等形式收集实际工作的数据，了解和掌握工作的实际情况，并与标准进行比较，衡量实际工作与已制定标准是否存在差距。

第一，个人观察。没有任何其他方法能取代管理者直接观察工作状态和与工作人员接触以了解其实际活动，因为这样可获得第一手资料，避免可能出现的遗漏、忽略和失真。但这种方法也有一定的局限性，首先是费时费力，不可能普遍应用；其次仅靠一般观察往往不能了解深层的问题，管理者很可能被假象所蒙蔽。为了克服这些问题，进行现场调查和观察时，应准备好调查提纲，选择恰当的时间，采取灵活多样的形式，如召开座谈会、个别访问等效果会更好。

第二，统计报告。将日常实际工作采集到的大量数据以一定的统计方法进行加工处理后可制成多种报告。特别是引入计算机技术后，这类报告有可能得出一些深层信息和结论，如通过每月室内质控量表不难看出实验室质量存在问题和发展趋势。从室间质评机构发回的室间质评结果不仅可以知道自己实验室的准确度，还可以了解各类仪器性能的优劣。因此实验室管理者在进行科学管理时愈来愈多地依靠报表来衡量实验室的实际工作情况并由此发现存在的问题。

第三，书面报告。以往管理者往往要求下级对一些工作和情况做出口头报告，随之给以口头指示。这类方式存在一定的随意性，一旦出现分歧和问题，往往无法说清。现代化的实验室目前更多地采用书面报告和批复的方式，既便于存档复查，又便于弄清问题。在实际工作中还存在一些其他类型的方法，如抽样检查等，管理者可以灵活地加以应用。在此阶段最重要的是管理者应设法保证所获取的信息具有准确性、及时性、可靠性和适用性。

（3）采取纠正行动。控制过程的最后一项工作是采取纠正行动。最常用的是除外控制（control by exception），也就是纠正由标准与实际工作成效的差距产生的偏差。纠正偏差的方法有两种：要么改进工作，要么修订标准。改进工作：这是最常用的方法。首先应分析问题所在和偏差产生的原因，然后采取相应的行动，如改变检测方法、变动实验室内部结构、改变人力资源分配等。修订标准：在少数情况下，偏差是由于标准制定不合适引起的。

第三节　医院医学科研档案管理

"医院科研档案是科研管理工作的重要组成部分，是医学研究和医疗实践的真实记录，是深入进行医学科学研究的必要条件及依据，是医学科技知识的载体。[1]" 计划医学科研就是对医学科研工作的计划管理，包括医学科研规划和计划两个部分，是管理医学科研的首要环节。与其他工作一样，要进行医学科研工作必须首先对医学科研工作进行规划和计划，以使医学科研工作按照规划、计划的方向和内容进行。因此，要管理医学科研，就要先对医学科研做出规划和计划。

一、计划医学科研的基本内容

医学科研规划和医学科研计划，是医学科研计划管理内容中的两个方面。二者是两个不同的概念，既有着不同的过程和内容，又有着一定的联系和依赖。

---

[1]　唐怡风：《医院科研档案管理现状及对策》，载《档案与建设》2012年第3期，第75页。

（一）医学科研规划与计划的基本内容

1. 医学科研规划的基本内容

医学科研规划是医学科技发展的战略目标，体现了医学科技发展的战略决策。所谓规划，是指谋划、筹划。规划是对某事物进行全面、长期的计划。科研发展规划就是指在相当长的一段时间内，科技发展的总体框架。所谓医学科研规划，是指对医学科研工作进行的筹划。也就是说对医学科研工作进行全面的长远的总体计划。其内容有两个方面：

（1）纲要。纲要是规划的核心部分，是对医学科研规划总体设计的概括。包括：①指导思想；②战略目标；③具体目标；④主要任务；⑤发展要求；⑥主要措施。

（2）专项规划。专项规划就是对规划项目的具体安排。包括：①项目名称；②开发推广；③资源配置；④基本建设。

2. 医学科研计划的基本内容

医学科研计划是医学科研的战术安排，体现了医学科技发展的行动方案。

（1）计划。所谓计划，是指计谋、策略。计划是对某事物进行明确的、期限较短的安排。也就是说，计划是一个为达到目标制订的具体行动方案和安排。计划必须具备两个特点：第一，目标手段明确。计划要求比较具体，不论是科研目标，还是实施的手段都必须明确。第二，时间期限较短。计划是实施规划的具体方案，内容计划比较具体，影响的因素较多。所以，计划的时间期限较短，一般在五年以内。

（2）医学科研计划。由计划我们可以知道，所谓医学科研计划，是为医学科研规划的实施而进行的具体安排。也就是说为医学科研工作的实施而制订的行动方案和方法安排。计划的内容包括三个方面：

第一，计划目标。医学科研计划的目标是医学科研工作的方向。目标既具有指令功能，又具有考核功能。因此，科研计划目标的确定和执行结果的考核是科研计划的两个基本环节。如果没有目标计划，就失去了科研的意义。

第二，实施方案。医学科研计划的实施方案是医学科研计划的主要内容，是落实医学科研计划目标的步骤方法，关系到医学科研计划的成败。实施方案涉及的内容很多，也很具体，主要是明确如何利用人、财、物、时间、信息、技术等。

第三，保证措施。医学科研工作不是独立的工作，需要一些保障措施。如基础生活设施、科研规章制度、科研道德等。这些虽然不是科研工作，但对医学科研的影响也很大，必须作为保证措施编入医学科研计划之中。

（二）医学科研规划与计划的关系

医学科研规划和计划都属于医学科研计划管理的范畴，二者既有区别又有联系。说有区别，就是说二者是根本不同的两种概念；说有联系，就是说二者谁也离不开谁。

1. 医学科研规划与计划是两种不同的概念

医学科研规划和计划是医学科研计划管理中的两个方面，其实质、内容和时限均有区别，是两种不同的概念。

（1）实质不同。医学科研规划与计划的实质有本质上的区别。医学科研规划，是科技方针政策和总体设想的科技发展的战略体现；而医学科研计划，是为实现医学科研规划目标所制定的战术安排。

（2）内容各异。医学科研规划与计划的内容范围各有差异。医学科研规划是全局性的规划，比较宏观、全面；而医学科研计划是具体实施的计划，比较明确、具体。

（3）时限不等。医学科研规划与计划的时间期限长短不等。医学科研规划的期限较长，一般在 10 年以上（也有 8 年以上之说）；而医学科研计划的期限较短，一般在 5 年以内。

2. 医学科研规划与计划相互关联

医学科研规划和计划只不过是一个事物的两个方面，关系密切，相互关联。一方面，医学科研计划被医学科研规划决定；另一方面，医学科研规划的实现又要靠医学科研计划，两者相互联系。

（1）规划决定计划。医学科研规划是制订医学科研计划的依据，决定着医学科研计划的方向、任务和内容。没有医学科研规划，医学科研计划就没有方向，就制订不出医学科研计划。

（2）计划实现规划。医学科研计划是医学科研规划目标得以实现的具体行动，要实现医学科研规划，就要靠制订医学科研计划。没有医学科研计划，医学科研规划也就只是一个战略目标，是不可能实现的。

二、医院医学科研规划制定的依据与原则

医学科研规划是医学科研工作的长期发展计划，关系到医院科研工作的发展。国家有国家的发展规划，行业有行业的发展规划，医院也应该有医院的发展规划。无论是哪个地域的医院，不论是多么大的医院，要把医院的业务建设搞上去，都必须有一个正确的医学

科研规划。因此，医院院长要对医学科研进行管理，就要先对医学科研规划进行管理。医院院长对医学科研规划的管理内容很多，主要是对医学科研规划的制订。

（一）医学科研规划制定的主要依据

医学科研规划是医院科技发展长远的战略目标，一定要合适、合理、合法。否则，规划就背离了宗旨。因此，在医院制订医学科研规划时，医院院长一定要有依据。根据规划的内容可以发现，医院院长在制订本院医学科研规划时的依据有：

（1）国家科技发展规划。医院制订的医学科研规划必须符合国家的科技发展规划。国家制订颁布的科研规划，就是我国所有科技工作的奋斗目标，也是卫生科研工作的发展总原则。

（2）国家卫生工作方针。医院制订的医学科研规划必须遵循国家的卫生工作方针。包括卫生政策、卫生改革方向等。如果偏离了国家的卫生方针，制订的医学科研规划是没有任何价值和意义的。

（3）客观社会发展需要。医院在制订医学科研发展规划时，还要依据客观社会的发展需要。医院是为社会提供医疗卫生服务的，医学科研的目的是提高医疗服务质量。因此，医学科研规划要以社会的需要为依据，这样才有生命力。

（4）医学科技发展水平。医院制订医学科研规划时，必须参照医学科学的发展水平。虽然医学科研需要超前的意识，但绝不能脱离实际凭空想象，必须有科学依据。脱离医学科学发展水平的医学科研规划，是不可能实现的。

（5）医院本身实际能力。医学科研规划的制订，还有很重要的一条就是要结合本院的实际情况和能力。医院的规模、实力等区别很大，科研的能力和水平相差也很大，在制订医学科研规划时不能相互攀比。如果医院不根据自己的实际科研能力来制订医学科研规划，要么起点太高根本就达不到，要么目标太低就是达到也没有价值。

（二）医学科研规划制订的基本原则

制定医学科研规划是一项带有政策性的严肃的工作，关系到医院业务建设的成败，必须有一定的原则。

（1）定高起点。医学科研规划是医院科技发展的战略目标，关系着医院现代化建设的水平。因此，医学科研规划起点的高低对医院以后的发展影响很大。起点高，医学科技水平的提高就快，医院的发展幅度也就大。如果医学科研规划的起点不高，对医院医学科技发展的促进作用不大，医院的现代化建设水平就不会高。对于医学科研规划起点的作用绝不能低估。

（2）突出重点。医学科研工作不同于医疗工作，是医院科技发展的方向。因此，制订医学科研规划时一定要重点突出，体现特色。医学科研规划的重点突出，能体现出医院发展的特色，医院的科技发展就快。制订医学科研规划时，突出重点、体现特色非常重要，关系到医学科研工作的效果。这是因为，医学领域的内容非常广泛，要把每个方面都照顾到是不可能的，必须有研究重点。

（3）统筹系统。医学科研规划的内容一定要统筹系统，这是制订医学科研规划的又一个原则。所谓统筹，就是指在制订科研规划时，要处理好基础研究与应用研究、近期目标与远期目标、研究内容与学科发展、研究成果与推广生产以及科研与临床、科研与教学等关系，使其相互适应、相互协调、相互促进。所谓系统，就是指在制订科研规划时，对于规划中的大目标（总体目标）和小目标（分目标），从科研启动到科研终结、从学科发展到人才培养、从成果获得到转化推广等，要有整体观念，必须有系统性。一个合格的科研规划应该做到整体内容系统连贯、有始有终、有因有果。如果制订科研规划没有整体性，不系统，就有可能出现"虎头蛇尾""有此无彼"、环节不连贯、发展不平衡，甚至实施不下去等弊端。

（4）适用可行。医院的科研工作是以临床工作为目的，是为临床服务的。因此，医院的医学科研工作有两重性：一方面，科研成果大都来源于临床工作；另一方面，科研成果最终还是要指导临床工作。这就决定了所制订的医学科研规划要适用性强、可行性高。

医学科研规划的适用性和可行性对于医院的建设发展非常重要。从国家整体情况来看，经济还不发达，科研经费有限，研究方向有一定的特殊性，制订的医学科研规划不能脱离国情和民情；从医院的个体情况来看，医院有大有小，实力有强有弱，水平有优有劣，目标有高有低，制订的医学科研规划不能脱离医院的实际情况；从社会的发展来看，科技发展较为迅速，对于医学科研战略目标的选定，必须符合发展的规律，跟上时代的步伐。

三、医院医学科研计划的编制

医学科研规划，是一个宏观上的科研战略目标及实施的大体框架。在落实时，还要有一个实施规划的科研计划。因此，只有医学科研规划这个战略目标不行，还必须编制医学科研计划的战术方案。

（一）医院医学科研计划的内容要求

科研计划是科研规划内的一个部分，是科研规划的一个反映。因此，编制医学科研计划的基础依据是医学科研规划，医学科研规划的目标任务要靠医学科研计划去实现。医学科研计划编制的内容复杂，其合理性对医学科研工作的效果影响很大。作为医院院长，对医学科研计划的编制内容要从以下两个方面去把关：

1. 资源配置要合理

科研资源是医学科研的支撑条件，存在于科研工作的各个程序中。在众多资源中，少了哪一种医学科研都进行不下去。医学科研需要配置的科研资源也很多，主要有以下四点：

（1）人和技术：人是指参与科研工作的各类人员，包括各种专业、各个行业、各个层次的人员，是科研的主导因素。技术是指进行科研的专业能力，包括基础理论水平和实际操作能力，是科研工作的必要条件。如果科研人员的专业技术水平不高，要搞好医学科研工作是不可能的。

（2）财和物：财指科研经费，是科研工作的支撑点。如果离开了科研经费，医学科研工作就进行不下去。物指物资，包括科研用的专业仪器设备和基本实验条件。

（3）时间和期限：时间指进行医学科研工作所需要的一定时间。期限指科研工作的进度计划，关系到医学科研工作的效益。科研工作的时效性决定了医学科研工作必须有严格的期限。

（4）信息和资料：信息是科研工作的"导向"，关系到科研方向、方法和成果的价值。资料是科研工作的依据和基础，关系到科研成果。医院院长在审查医学科研计划时，必须对医学科研资源有明确的认识。一是医学科研资源的项目要计划齐，少了哪项科研都要受到影响；二是各种资源的配置比例一定要合适，就是一个时间期限的安排，也必须有科学依据，不能凭想象。

2. 科研程序要齐全

科研程序是医学科研计划的"主干"，贯穿于科研工作的全过程。科研工作的每个阶段是"主干"上的"点"，少了哪一段医学科研工作都进行不下去。医学科研的程序一般分为四个阶段八个环节。

（1）计划阶段——第一阶段：目标论证为第一个环节，计划安排为第二个环节；

（2）实施阶段——第二阶段：设计步骤为第三个环节，组织实施为第四个环节。

（3）总结阶段——第三阶段：总结资料为第五个环节，鉴定成果为第六个环节。

（4）推广阶段——第四阶段：推广应用为第七个环节，申报奖励为第八个环节。

以上这四个阶段八个环节，缺了任意一个，医学科研工作都进行不下去。因此，医院院长在审查科研计划时，一定要把住这一关。

（二）医院医学科研计划的编制原则

科研计划是为实现科研规划而编制的实施方案，期限较短，目标和实施手段都比较明确。计划的编制是否合理，直接影响到科研规划的落实。因此，在编制科研规划时必须有一定的原则。在对医学科研计划进行编制时，应该遵循以下原则：

1. 科研目标的正确性原则

目标，有目的、对象之意，是指期望达到的愿望，代表着方向。科研目标，就是通过科研所期望达到的目的（结果）。目标不正确，方向就要发生错误，就达不到所期望的结果。因此，在编制医学科研计划时，首先要做到科研目标的正确性。

一般而言，医学科研计划的目标是医学科研规划总体战略目标的具体化。只要医学科研规划的战略目标正确，医学科研计划的目标一般就不会发生太大的偏差。但有一点要说明的是：医院的工作主要是医疗工作，医学科研的目标应该以解决临床上的问题为出发点。如果背离了这个原则，科研工作的生命力就不会强，产生的科研效益也就不会好。

由此可见，所谓医学科研计划目标的正确性有两个含义：一是指所编制的计划目标可以实现；二是指所编制的计划目标符合医院的需要。

2. 科研任务的科学性原则

科研任务的计划对于实施科研工作很重要，任务计划不好，对科研工作的影响很大。因此，在编制医学科研计划时，对于任务的计划编制一定要有科学性。所谓编制医学科研计划任务的科学性，有以下三个含义：

（1）医教研结构合理：随着医学模式的转化和社会观念的更新，现代医院的任务有五类：一为医疗；二为教学；三为科研；四为预防；五为保健。由此可知，医学科研的任务有四类：一为医疗；二为教学；三为预防；四为保健。其中，最主要的还是我们经常所说的医疗和教学两种。因此，在计划中对于医疗和教学这两种任务的比例要安排合适。既不能只为了医疗而忽视培养人才，又不能只为了培养人才而不顾医疗，更不能置医疗和教学于不顾而为了科研而科研。

（2）人、财、物配置得当：科研计划任务中，必然要涉及人、财、物等科研资源的配置。但在计划配置时，必须与医院现有的实力相平衡。既不能使现有科研资源浪费，又不能超出实际资源太多；既要计划争取上级对科研的资源支持，又要计划尽力去创造条件完成任务。

（3）时限性安排合适：时间是科研计划编制的一个重要内容，时间的安排不合适，对于科研工作的影响极大。时间安排合适有三个含义：一是总时间的长短要合理，期限不能太长，也不宜太短；二是各个阶段的时间安排比例要合适，依据各段的任务量及难易程度来分配时间；三是科研的时机要计划好，因为有些任务只能在特定的时间内进行。例如，受气候、季节等因素的影响。

3. 科研技术的先进性原则

科研技术的水平决定科研工作的质量。技术水平高则科研质量高，技术水平低则科研质量低。因此，医学科研技术水平仍然是医学科研计划的一个重要内容。技术水平的先进性包括三个方面：一是科研计划要求达到目标的技术水平要先进；二是进行科研的人员专业技术水平要先进；三是支撑科研的设备要先进。科研要求达到的技术水平是目标，是先进性前提；科研人员的专业技术水平是关键，是先进性的决定因素；而科研设备的先进水平是基础，是先进性的支撑条件。在医学科研计划中，三者少了哪一个也不能构成医学科研的先进性。

4. 科研计划实现的可能性原则

科研计划实现的可能性至关重要，如果所编制的科研计划实现不了，那么，所编制的科研计划就是不成功的。关于医学科研计划实现的可能性，要从两个方面去理解：

（1）能不能实现，是指所编制的医学科研计划在没有时间限制的情况下能不能实现。如果所编制的医学科研计划根本就实现不了，那么这个科研计划就是失败的计划。但一般说来，只要前面三个原则掌握好了，除非特殊原因，一般都可以实现。

（2）能不能按期实现，是指所编制的科研计划在预计的时间内能不能实现。这个问题应该是一个重点。这是因为，医学科研工作是一个复杂的过程，受影响的因素较多，编制在医学科研计划里的时间、任务等只是一个预计，在实施过程中并不一定就能那么合理，容易发生出入。总结以往科研完成进度情况，基本上是没有按期完成的问题。因此，在编制医学科研计划时，一定要留有余地。

四、医院医学科研课题的计划管理

科研课题是科研工作最基本的研究单元，是相对独立和单一的，其研究目的主要是解决专业学科上或研究阶段中的某一问题。若干个科研课题就组成了科研项目，科研项目是科研工作中多学科的综合研究单元，其目的是解决有共同目标、相互关联的系列课题。科研课题研究是科研工作的基础，课题的研究质量决定成果质量；科研课题管理是科研计划管理的具体体现，课题管理的效果关系着科研计划的落实效果。因此，医院院长对科研工作的管理，说到底还是对科研课题和项目的计划管理。

（一）医院医学科研课题的一般计划管理

依据范围和内容，科研课题的计划管理可以分为科研课题学术技术管理和科研课题组织计划管理两种类型。科研课题学术技术管理是针对科研工作人员，而科研课题组织计划管理是针对科研管理人员。因此，医院院长对科研课题的管理重点要放在科研课题的组织计划管理上。

（1）科研课题学术技术管理。科研课题学术技术管理是科研工作人员根据课题研究思路，提出对课题研究的条件，如对科研资源的调配和时间进度的分配。这是站在课题的纯技术角度提出的需求，偏重科研课题研究内部的相互关系。科研课题学术技术管理的内容主要是技术上的，比较具体。从科研工作的技术角度，对课题目标、资源分配、时间要求、进度安排，到实验设计、组织实施、汇报期限、资料整理、论文撰写、归档保存等，都有具体的计划安排。科研课题学术技术管理的内容，必须经过科研课题组织计划管理才能生效实施。

（2）科研课题组织计划管理。科研课题组织计划管理是科研管理人员应用科研管理学理论，依据社会需要及科研政策，对科研课题学术技术管理内容进行合理化、合法化的认定过程。是站在课题的管理角度，偏重科研课题与外部的联系和关系协调。科研课题组织计划管理的内容，主要是围绕科研课题学术技术管理内容的管理。从组织预测、开题审批、确立方案、配给资源、监督实施，到组织保证、进度检查、阶段评价、成果鉴定、推广报奖、专利申请、审定保管等，都要进行组织和监督。

由此可见，科研课题组织计划管理的作用是极其重要的。任何一项科研课题的实施，都要经过科研课题组织计划管理。如果没有科研课题组织计划管理，医学科研课题是实现不了的。

（二）医院医学重点科研课题的计划管理

对重点科研课题必须进行重点管理，这既是重点科研课题的需要，也是科研管理人员的职责。

1. 重点科研课题应具备的条件

所谓重点，就是指急需、重要的事物。重点科研课题就是指急需的课题或重要的课题。因此，重点科研课题必须具备下列两个条件之一：

（1）急需解决。指国家（部队）急需解决的科学技术问题。这些问题虽然并不一定难，但却非常急。

（2）意义重大。指解决对学科的发展和建设有重大的意义问题。这些问题虽然并不一定急需，但却是难点、关键。

2. 重点科研课题的重点管理方法

所谓对重点科研课题的重点管理，应该从以下方面着手：

（1）正确决策。正确决策就是指对重点课题的目标，经过深入调查、广泛咨询、认真论证后，进行严格的、严密的、慎重的决策。确定重点目标是进行重点管理的前提，如果重点目标选错了，所谓的重点管理也就完全失去了意义。

（2）周密计划。在确立了重点目标后，对重点目标研究的实施方案就要进行周密的计划。计划的内容要全，步骤要细，要充分预计课题实施中的困难和意外情况，并有相应的应变措施。尤其在时间和进度的安排上，一定要力求科学、准确、合理。

（3）重点保障。对于重点科研课题，必须在科研资源上给予重点保障。对于课题需要的人、技术、经费、设备、设施、信息、时间以及其他条件和物资等，不论是在数量上还是在质量上都要优先保证。如果对重点课题不重点保证科研资源，所谓的重点保证就是一句空话。

（4）监控重点。监控重点就是指科研管理人员对重点课题的重点环节，要进行重点监控。在重点课题中需要科研管理人员监控的重点环节主要有两个：一是开题论证时；二是鉴定推广时。作为医院院长，对重点科研课题的管理，要抓住这两个环节。

（三）医院医学协作科研课题的计划管理

医学科研工作是一个复杂的涉及面很广的工作，需要的技术、理论和牵涉的学科很多，在有些课题的研究中，仅凭一个单位、几个科研人员是不行的，必须采用协作的方式。不要说一般医院的科研工作需要采用协作方式，就是再大的医院也需要进行科研协作。有些项目，不仅要在国内组织科研协作，往往还需要在国际范围内进行协作。因此，科研协作是进行科研工作的一种常用方式。科研协作是在一定范围内组织的跨学科、跨部门的综合研究，在管理上具有一定的特殊性。作为医院院长，在医学科研协助课题管理时，主要明确两个方面的问题：

1. 制订科研协作计划的方法

与其他科研课题计划不同，协助课题需要重点抓好：

（1）多学科论证。协作科研课题一般涉及几个学科，在课题论证时必须请多学科的专业人员参与。否则，就有可能发生一定的偏差。

（2）多层次分解。协作科研课题，必须对课题进行层层分解，分出各个专题。再将各种专题分别落实到协作单位和个人身上。有些大的协作课题，需要分成多个层次、多个方位。所谓多层次的分解，除了科研任务的分解，还包括科研经费的分解。

（3）明确管理办法。就是要明确协作管理的各种办法规定。主要是明确课题负责人、专题负责人、参与者及其职责，排列论文的署名位次，确定成果的归属、分享和收益分成，申报奖励的排序和奖金的分配原则等。不论是对个人还是单位，这些在科研计划（合同）中必须写清楚，否则将会后患无穷。

2. 协作科研课题计划管理的原则分析

协作科研之所以复杂，除了课题任务的复杂性外，还涉及许多单位、个人之间的复杂关系。如果对这些关系处理不好，对完成课题任务的影响很大。因此，作为医院院长，在科研协作课题管理中，必须有一定的管理原则。

（1）树立全局观念。科研协作课题管理，首先要树立全局观念。如果没有全局观念，就会出现都为自己打算，工作想少干，成果想多占，这就很难协作下去了。分析以往有些协作科研课题之所以没有收到好的效果，主要是参加者没有全局观念。争荣誉、要名次、夺奖金，影响很坏。有些科研工作还未展开，就开始为排名闹得不可开交；有些成果已经获得了几年，还在上访到处告。

（2）讲求科研道德。科研道德在科研协作中更为重要。不论是牵头单位（主办单位），还是哪个参与者个人，在科研课题协作中，都要出于公心。牵头单位在任务分工、经费分配、成果分享、奖金待遇等方面，计划一定要合理公平，不能有太大的偏差。

（3）严格遵守协议。科研协作课题管理的一个重要内容就是要严格遵守科研协议（合同）中的有关规定。在个人排名、单位排序、成果分享等方面规定，一定要严格执行。这既是个常识问题，又是个道德问题。

第四节 医院装备档案管理

一、医学装备的信息管理

（一）医学装备的有关信息

医学装备是医院进行正常医疗活动的重要物质条件。各级卫生行政管理部门对医学装备都制定了完整的管理办法和管理制度，医学装备管理部门则按照这些管理办法和制度对医学装备进行管理。在医学装备管理的全过程中就会接触和产生大量的信息，包括规划计划、选型论证、安装验收、使用保管、计量维修、档案资料、统计报表、检查考核、事故处理、调剂报废及经费管理、效益评估等。这些信息都是医学装备管理工作中进行决策时的重要依据，也是对医学装备进行有效调控的基础数据。医学装备的全过程管理一般分为前期管理、中期管理和后期管理三个阶段，每个阶段所包含的信息内容各有不同。

1. 医学装备前期管理的有关信息

（1）计划信息。中长期规划、当前购置计划、财务预算计划、资金来源等。

（2）合同信息。合同号码、批准证号、装备名称、规格型号、生产厂家、数量价格、技术指标、功能特点、配件种类、消耗材料、化学试剂、资料图纸、订货日期、到货日期、电话传真等。

（3）管理信息。审批程序、审批权限、固定资产管理手续、财务手续等。

（4）进口信息。外商名称、注册证号、代理授权证书、招标程序、专家论证、外贸合同、付款方式、运输方式、运费保险等。

（5）到货信息。报关免税、商检索赔、单据验收、安装调试等。

2. 医学装备中期管理的有关信息

（1）出入库信息。建账建卡、建数据库、使用分类代码等。

（2）使用信息。项目内容、使用制度、操作规程、使用部件、性能状态、开关机时间、人次数量、标本数量等。

（3）档案信息。申购资料、订货卡片、合同发票、货单运单、进口批文、使用手册、维修手册、故障记录、维修记录、计量记录等。

（4）计量信息。人员状况、送检免检、强制检测等。

（5）维修信息。装备名称、损坏部位、调换零件、工时费用等。

（6）考核信息。计划执行、库房管理、档案资料、效益评估、维护保养、使用维修、调剂报废等。

（7）效益信息。诊疗人次、科研成果、培养人才、课题数量、教学任务、收入支出、开发服务等。

3. 医学装备后期管理的有关信息

（1）调剂信息。条件标准、审批权限、调剂原则、保管维护等。

（2）报废信息。条件标准、审批权限、资产处置、财务处理等。

（二）医学装备的信息管理系统

1. 信息管理系统结构

按照不同的观点把大系统分为不同的小系统，就会得到不同的系统结构。信息管理系统可以分为以下四种结构：

（1）管理结构。管理分为三个层次：计划层、管理层、执行层。不同管理层次需要的信息不同。

（2）功能结构。一个企业的管理功能分为市场管理、生产管理和财务管理。信息管理系统也分为三块。

（3）软件结构。信息管理系统是以数据库为核心的，管理人员使用数据库完成各种功能的管理。

（4）硬件结构。管理信息系统的硬件结构分为手工操作系统、机械操作系统和电子操作系统。电子系统包括电话、电传、传真、电视和计算机，其中计算机是系统的核心部分。

2. 信息管理系统开发

每一个信息管理系统都有一个生命周期，一般包括规划实现、设计、维护信息和评价系统几个阶段，然后又被新的信息管理系统代替。

（1）规划实现。一个新的信息管理系统需要大量的时间、资源和经费，因此必须进行充分的规划和论证。

（2）设计。在系统分析的基础上提出设计方案，确定系统的功能与目标。

（3）维护信息。系统的维护就是要减少各种错误，改善服务。包括日常维护、紧急维护和系统改进。

（4）评价系统。评价是信息管理系统的最后一个阶段，评价内容包括价值评价、技术评价、运行评价和经济评价。

3. 信息管理系统

信息管理系统是一门综合了经济管理理论、运筹学与统计学和计算机科学的系统性边缘科学，随着管理科学和技术科学的发展而形成。它有三个构成要素：系统的观点、数学的方法和计算机的应用，这也是管理现代化的标志。医学装备信息管理系统与其他信息管理系统一样也是一个由人、计算机等组成的进行信息收集、传递、存储、加工和使用的系统，它将组织理论、会计学、统计学、数学模型及经济学等多种学科理论同时展示在计算机硬件和软件之中，建立起一个可以进行全面管理的、以计算机为基础的信息系统。它具有预测、控制和决策功能，将电子数据处理与经济管理模型结合起来，为各级领导提供辅助决策的依据。下文将详细介绍医学装备计算机辅助管理软件系统。

4. 医学装备信息系统

建立医学装备信息管理系统，就是要对所需要的信息进行一系列的加工活动。通常可以分为收集、储存、传递、交换、检索、处理和转换七个部分。

（1）信息的收集。是指原始信息的收集。它要求全面合理、详尽可靠，并要保持信息的连续性。收集信息一般采用两种方法：具体的业务方法和系统方法。业务方法的程序是：摸清业务要求—明确调查目的—拟定调查内容—开展正式调查；系统方法的程序是：了解系统总目标—确定数据总模式—制定调查内容—开展正式调查—检查校验—进行结构安排—储存入库。

（2）信息的储存。经过加工整理后的信息，一部分经过使用后储存于计算机内，另一部分不经过使用直接储存。信息储存的目的是有效地加以利用，并有助于提高经济、技术和行政的管理水平。储存的信息通常是最有价值的信息，它能起到咨询、参谋和顾问作用。

（3）信息的传递。信息传递的通路是由信源—信道—信宿三部分组成。信源是信息的出发者、传递的起点；信道是信息传递的通道，包括信息传递的媒质和传递方法；信宿是信息传递的终点，作用是接收信息和利用信息。

（4）信息的交换。信息交换是人类知识积累的重要方法，人们通过信息交换而获得新的信息，使研究不断深入，认识不断深化产生新的信息组合，进而形成新概念。

（5）信息的检索。信息检索就是利用手工或计算机，从资料、档案、图书或计算机数据库中，找出所需要的信息资料。

（6）信息的处理。对信息加工的过程称为信息处理。信息处理通常采用的是数字信号处理法。它是用计算机对数字或符号序列表示的信号进行处理，由预先编制的程序来实现。

（7）信息的转换。信息的转换是信息处理的高级形式。它将信息从一种形态转换为另一种形态。以自然界客观物质为信源产生的自然信息可以转换为以人脑为信源产生的语言、文字、图像、图表等人工信息形式，也可以转换为计算机的代码，以及广播、电视、电信的信号。而代码和信号又可以转换为语言、文字、图像和图表等。

5. 信息管理系统现代化

信息管理系统技术是目前最现代化的技术，包括信息资源管理手段的现代化和信息工作管理手段的现代化。信息资源管理手段的现代化是指运用以计算机为中心的现代信息技术手段，实现信息采集、存储、处理、检索、传递与服务的现代化。除了计算机技术手段外，还包括光学技术、声像技术、通信技术与网络技术。信息工作管理手段的现代化是指现代技术及其设备在信息管理过程中的应用，包括计划规划、协调控制、工作评价、人员分析、经费管理、经营决策等。

（1）信息管理系统技术。硬件、软件和通信是信息管理系统技术中的主要元素。硬件是指包括计算机在内的电子设备和机械设备；软件是所有程序的集合，硬件和软件共同构成计算机系统。一台计算机与其他计算机之间相互传送数据和信息，称为通信。计算机硬件是指输入、处理、存取及传送数据和信息的设备，包括中央处理器、输入设备、输出设备和外部储存设备等；计算机软件是指所有程序的结合，软件又分为系统软件及应用软件两部分。系统软件是管理计算机和协作用户操作、提供方便的程序，包括操作系统、各种语言的编译和诊断程序及其他服务程序等；应用软件是根据不同用户需要而编制的专用程序，如用于数据库管理的程序等。计算机通信技术是指计算机在不同区域之间传送数据和信息。目前计算机通信网络已经能够把不同类型、不同大小的计算机分层次组织起来，建立分布式计算机系统。大型机、中型机和微机分层次连接，数据库信息分层次管理，各层次资源共享。

（2）数据的存储与管理。信息管理系统是利用计算机的硬件和软件存储、处理和管理大量数据。数据的概念：数据是由符号组成，它是记录、表示、描述实体的。实体的每种属性在信息系统中用一个数据项表示，数据项是数据存储的基本单元，每一组数据称作一条记录，而数据文件的组合称作数据库。数据的物理模型和逻辑模型：数据模型主要是定义数据是如何组织和相互联系的，物理模型反映数据是如何有效地进行物理存储和抽取，逻辑模型是从用户的观点出发，从使用的角度来描写数据。

（3）文件系统和数据库系统。目前数据存储和管理的系统主要是这两大类。文件系统：在文件系统中数据是以文件的形式组织存储，数据文件通过高级语言编写的应用程序建立、修改和使用。数据文件分为顺序文件、索引文件和相对文件。数据库系统：数据库是将大量关联数据动态地有组织地存储起来，由数据库管理系统统一管理，它提供了一种有效的共享数据的方法。数据库系统是一个很复杂的系统，它的结构分为用户级、概念级和物理级；它的逻辑模型分为层次型、网络型和相关型，目前常用的数据库就是相关型数据库。

（4）数据处理过程。用计算机进行数据处理的内容有事物处理、产生报告、查询处理和人机交互等多种活动。事物处理是指信息最基本的处理，用计算机进行事物处理是为了加快速度、提高效率。事物处理的一般过程是输入数据、有效性检验、更新主文件。报告查询是指提供信息的方式和查询计算机数据库。报告又分为常规报告和实时报告。人机交互系统主要用于计划、分析、决策。用户提供数据，计算机按模型进行计算，取得结果。

二、医学装备的分类与代码阐释

（一）医学装备分类与代码的编制原则

医学装备分类与代码是卫生行业标准，是国家标准的子标准，其编制原则必须坚持统一化、规范化和科学性。

（1）必须保持与国家标准《全国工农业产品（商品、物资）分类与代码》（GB 7635—87）的整体原则和兼容性。

（2）以设备的自然属性为主，结合医学装备的具体情况和使用方向进行分类。

（3）结合全国卫生行业管理的需要和当前的实际管理水平。

（4）结合生产和流通领域的现行分类和个别惯用名称进行分类。

（二）医疗器械、仪器设备分类与代码的维护管理

（1）维护管理的作用和地位。行业标准的维护管理，就是对标准产生和执行过程中的技术文献以及重要资料的管理，并将有关内容和事项通知使用单位。维护管理就是通过一定的方法和手段去维护标准的完整性、系统性和法规性。

（2）维护管理组织的职责。第一，负责对标准的解释，并承担维护管理任务；第二，确定维护管理工作的内容和工作程序；第三，建立标准内容的更改、删除和增添的申报制度；第四，提供标准的文本和软盘；第五，负责组织标准的修改工作，并定期向国家卫生和计划生育委员会申报备案。组织标准修改工作的内容包括：①收集使用单位对标准中的意见和要求，为标准修订工作积累资料；②与有关单位或组织协商标准中内容的更改、删除和增添类目的代码；③定期将标准修改的内容通知有关单位或用户；④在标准贯彻实施过程中，可以补充附加使用说明；⑤提出标准复审和修订计划。

三、医学装备计算机辅助管理的相关内容

（一）医学装备计算机辅助管理的重要意义

医学装备计算机辅助管理实际上是一种信息管理，它把和医学装备有关的信息存在计算机内，然后根据不同需要进行分析、查询、统计，打印出账目及各种报表，从而起到辅助管理和辅助决策的作用。开展医学装备计算机辅助管理具有以下作用：

（1）可以提高医学装备的管理水平。传统的医学装备管理是通过手工方式进行，因为条件的限制只能通过登记账卡来收集医学装备的名称、规格、型号、价格、生产厂商等信息，从而完成入库、出库、使用乃至报废的管理。这一简单的管理手段显然已不能适应科学技术的快速发展和管理工作的需要。引入计算机辅助管理就可以实现医学装备管理的智能化，完成收集所有信息，包括名称、规格、型号、价格、生产厂商、使用科室等静态信息以及使用率、综合效益等动态信息，并能够进行归类、统计、分析，完成医学装备的全过程管理，从而提高管理水平。计算机辅助管理对实现管理工作程序化、管理业务规范化、技术数据标准化、装备信息编码化、信息格式统一化等都能够起到巨大的促进作用。

（2）可以提高工作效率。计算机处理信息速度快，以一个500张病床的中型医院为例，假如有医学装备2000台、件，那么打印以使用部门为单位的分户报表一小时之内就可完成，可以提高工作效率。

（3）可以辅助领导决策。例如，某一科室申请购置心电图机，医学装备管理部门可以使用计算机立刻打印出全院拥有的心电图机分布清单，领导部门根据全院心电图机的数量、使用效率及分布情况决定是否购置新的设备。

（4）可以促使管理人员业务素质的提高。计算机是一个现代化的辅助办公工具，它是依靠人来操作和管理的，由管理人员提出任务和要求，并指挥它完成。如果管理人员不掌

据计算机知识，就不可能发挥计算机的作用，所以设备管理人员必须尽快适应现代化管理的需要，在不断提高自身业务素质的基础上，努力学习计算机知识，在医学装备管理工作中充分发挥计算机的作用，以实现医学装备管理工作科学化、规范化、现代化。

（二）医学装备计算机辅助管理的历史与现状

20 世纪 80 年代初期计算机开始进入我国，随着关系型数据库技术的广泛应用，各种计算机辅助管理软件迅猛发展，医学装备计算机辅助管理工作也开始在各个医院、医科大学、科研院所开展。由于发展初期计算机人员匮乏，大多数管理人员对计算机参与管理的认识还很肤浅，所以应用开展工作并不顺利。尽管不少部门购置了计算机，但是基本是仅仅建立了医学装备数据库，而数据格式不规范，信息量也很小，完整的医学装备计算机辅助管理软件还很少见。

随着计算机网络化技术的不断发展，不少大中型医院已经开始使用计算机网络管理医院事务，医院网络管理信息系统包括挂号、收费、住院、病案、药房、财务等，医学装备计算机辅助管理也是其中比较重要的组成部分。

随着我国医疗卫生事业的迅速发展，医学装备所占医院固定资产的比例越来越大，因此，必须重视医学装备管理部门现代化管理水平的提高。现代化管理的重要手段是计算机的广泛应用。根据我国目前现有县级医疗机构的经济实际情况，装备计算机应用于管理是完全可能的，关键是省、市级卫生主管部门的重视程度。

（三）医学装备计算机辅助管理的前期准备工作

（1）原始数据的整理。医学装备的原始数据一般是以单据或账目的形式记载的，对这些原始数据要进行必要的整理，要做到数据准确、账卡相符、账物相符。同时原始数据要相对完整，一些需要计算机处理的关键项目，如分类代码、设备名称、原产国别、规格型号、购置金额、购入日期、使用科室等一定要收集齐全。原始数据的准确和完整是实现医学装备计算机辅助管理的基础，如果上述工作做得好，往往可以起到事半功倍的作用。通常人们在评价一个医学装备计算机辅助管理软件的优劣时，一是看软件的功能是否齐全；二是看软件所收集的数据是否准确和完整。由此可见原始数据整理的必要性和重要性。

（2）人员培训。医学装备管理人员要进行必要的计算机知识培训，培训内容主要是计算机的基本知识、一般操作和视窗（windows）的使用。计算机基本知识是指计算机的原理和结构，管理人员可以根据工作需要做一般性了解。一般操作是指操作计算机和学会使用应用软件。

（3）设备配置。为开展医学装备计算机辅助管理工作，有条件的管理部门应该配备专用计算机。本着从实际情况出发的原则，计算机的配置不一定要求很高，以能完成管理任务为标准，一般中低档配置即可。

（四）医学装备计算机辅助管理的内容及其类型

一个完整的医学装备计算机辅助管理软件要能够对医学装备的各类信息进行管理，包括静态管理和动态管理。

1. 医学装备计算机辅助管理的主要内容

医学装备的各种管理信息很多，归纳起来主要有以下内容：

（1）装备编号。医学装备在使用单位的编号，它作为关键字连接主数据库与其他相关数据库。关于仪器编号的格式有如下规定：仪器编号共计 10 位，用阿拉伯数字表示，第一位为 0 或非 0 说明使用单位的性质，0 代表医疗部门或一线部门，非 0 代表非一线部门，用以区分医疗、教学、科研、机关、后勤等不同部门。第二位至第七位每两位一节，分别代表使用单位的管理级别和从属关系。若使用单位只有一级管理，那么后两节用 00 替代。以此类推，最后三位为医学装备的购入流水号或其他自定义编号。

（2）分类代码。医学装备的标准化代码，详见《全国卫生行业医疗器械、仪器设备（商品、物资）分类与代码》（WS/T118—1999）。

（3）装备名称。医学装备的名称，《全国卫生行业医疗器械、仪器设备（商品、物资）分类与代码》中的标准名称与习惯叫法有时会有不同，比如，习惯所称 CT 的标准名称叫作"X 线电子计算机断层扫描装置"，在单位内部可以使用习惯叫法。

（4）型号。医学装备的型号。

（5）规格。医学装备的规格。

（6）价格。医学装备一次性的购入价格。

（7）国别。生产国的国别。

（8）厂家生产制造机构的名称。

（9）购置日期指交款日期。

（10）领用日期。出库日期或启用日期。

（11）使用部门。具体使用科室。

（12）保管人。保管人是指直接领用的人员；10 万元以上大型精密设备，还应明确一位该使用部门的有关负责人。

（13）用途。用途指医学装备的不同用途，应用于医疗、教学、科研或医疗教学共用等。

（14）购入途径。分国内购入和进口两种情况。每一台医学装备的资料在输入计算机时都必须包含上述信息，缺一不可。此外，对进口的医学装备还要包含英文名称（进口设备的英文品名）、外汇价格（进口设备的外汇金额）、进口合同号（进出口公司与外商签订的合同号）、贸易国别（医学装备的经销国家）、进口批文号（国家有关部门如机电审查办的进口许可证号）等内容。

根据医学装备管理级别的不同和效益管理的需要还要收集维修情况、计量情况、使用时间、收入消耗情况、注销日期等。

值得注意的是，上述信息在收集及进行计算机录入时一定要注意标准化，对已有国家统一行业标准的内容，比如，设备名称、国名等，一定要遵照执行；对于暂时无国家统一行业标准的内容要注意自己保持一致；日期的格式一定要写为：世纪年代月份日，如19890106、20011011。

2. 医学装备计算机辅助的静态管理

对医学装备中那些相对不变的、处于静止状态的信息进行管理，实际上是一种常规的管理。从目前情况看，大多数医疗机构所进行的管理和医学装备计算机辅助管理软件所提供的功能基本是静态的管理。在计算机的静态管理中包括两个方面的工作：一是账目报表；二是统计分析。

（1）账目报表。主要包括：①总账：通过使用计算机中的数据库，列出医学装备卡片和流水账目，以替代医学装备总账，从安全性角度出发可采用计算机数据库和文字账目并存的方式。②分户账和分类账：按照使用单位列出医学装备清单，即分户账；按照医学装备名称分类列出清单，即分类账。③用途：按其主要用途列出清单，代替医疗、教学、科研不同领域的账目。④价格：按照价格顺序列出清单，代替三级管理的各级账目。⑤按照数据库中的其他信息，如国别、厂家、购置日期等检索出所需要的指标，列出医学装备的综合情况。

（2）统计分析。包括：①医学装备总数量、总金额，分别以使用部门和购入途径作为统计单位，统计出医学装备的数量和金额；②不同类别医学装备的数量和金额；③不同年代购置的医学装备数量和金额；④不同用途医学装备的数量和金额；⑤不同价格档次医学装备的数量和金额；⑥做出年度统计表、月报表；⑦按照数据库中的其他信息，如国别、厂家、购置日期等进行统计，并反映出医学装备的数量和金额。

根据上述统计数据可以绘制出图表。常用的图表主要为饼形图、折线图、直方图、面积图等，它可以反映金额、数量和统计条件的关系。图表的纵坐标为数字，即金额、数量；横坐标为统计条件，如使用部门、购置年代等。

3. 医学装备计算机辅助的动态管理

动态管理是指医学装备从购置开始，直至报废的全过程管理。仪器设备管理包括其运动全过程，其中存在着两种运动形态：一是仪器设备的物质运动形态，即仪器设备的购置、使用、维修、改造更新；二是仪器设备的价值运动形态，即包括仪器设备的最初投资维修费用支出、折旧、更新改造资金支出等。这两种运动形态的管理再加上必须具备的管理条件，如经费人才等，便构成了仪器设备管理的完整概念。由于动态管理要收集的信息量大、范围广，对于传统的、手工模式的管理来说是非常困难的，引入计算机辅助管理才使得动态管理成为可能。

（五）医学装备计算机辅助管理软件系统的设计途径

1. 医学装备计算机辅助管理软件系统的设计思想

（1）医学装备计算机辅助管理软件实际上是规章制度和管理方法的程序化。国家有关部门颁布过很多关于固定资产（医学装备）管理的规定，这些规定对软件系统是具有指导意义的。因此在设计医学装备计算机辅助管理软件时要把这些规定融入进去，使得管理者在日常工作中能够按照有关规定管理医学装备。

（2）要考虑使用部门的具体要求，医学装备计算机辅助管理软件的使用对象是医院和各级卫生行政管理部门，二者的管理要求是不同的。医院偏重医学装备的全过程管理，而卫生行政管理部门则偏重监控、配置等宏观管理。医学装备计算机辅助管理软件则把二者的不同要求都包含在了程序中。

（3）信息标准化软件所收集到的信息要尽可能地实现标准化，有国家标准的一定要采用国家标准，比如医学装备名称、原产国别等；没有国家标准的要参照有关部门的规定自己设定标准。

（4）为使用者提供方便的操作方式。考虑到医院中管理部门使用人员的具体情况，在设计软件时尽可能采用简洁、清晰的操作方式，便于管理人员掌握。

（5）为使用者提供安全保证。在发生病毒侵害或其他非常情况时，可引导使用者备份数据，以保证软件正常运行。

总而言之，医学装备计算机辅助管理软件要将医学装备的管理理论、规章制度和使用单位的具体情况相结合，同时还要考虑到各种不同的要求，使软件做到使用范围广、应用方便。

2. 医学装备计算机辅助管理软件系统的主要功能

一个完整的医学装备计算机辅助管理软件应有如下主要功能：

（1）数据录入功能。包括主数据库、辅助数据库、相关数据库数据的录入，它是软件的基础，同时也是关键部分。因为数据是否完整和准确将直接关系到整个软件的可靠性。数据录入功能还应给用户提供更多辅助功能，如编辑（剪贴、复制、粘贴）、定位（指向数据库中任一条数据记录）、增加、删除、替换、保存等。考虑到在实际工作中用户经常一次性批量购入相同品种的医学装备，所以还要提供成批输入方式。需要强调的是，在录入一些有国家标准或行业标准的数据内容时，如设备名称等，软件必须设有标准字典库予以对照，并将相关标准代码强制录入，以保证数据的标准化。

（2）数据查询功能。包括对主数据库、辅助数据库、相关数据库的查询，上述数据库中所有字段都可作为条件字段参加查询。查询时软件应给出数据库字段清单、关系符清单、数据内容清单。关系符清单应包括等于、不等于、大于、大于等于、小于、小于等于、包含、模糊等内容。查询时可以选择单一条件或组合条件，组合条件之间用与（AND）、或（OR）、非（NOT）连接。查询结果应有以下几种输出方式：打印报表、存储文件、生成上报文件。

（3）数据统计功能。统计条件的组成与查询部分一样，统计结果主要是医学装备的台件数、金额以及所占比例。较为常用的统计报表是计算各个使用单位的医学装备台件和金额的累计数，金额的单位分别为元或万元。统计结果可以是输出报表、存储文件、生成上报文件和绘制统计图。

（4）数据输出功能。主要分为报表输出和文件输出。报表又分为固定报表和随机报表两种形式。固定报表是指一些常用的报表，如医学装备的分户表、分类表和卫生行政管理部门要求上报的报表；随机报表是指使用者可以根据不同的需要任意定义报表的格式。文件输出是指将统计结果以标准文本或数据库的格式储存于计算机，以便数据传输、数据交换和数据上报。

（5）数据维护等其他功能。①数据初始化：用户第一次使用软件时，清除原有的模拟数据。②数据维护：重新建立索引、真正删除记录、删除重复记录等。③数据备份：将有关数据库备份至指定存储器。④数据恢复：将备份数据库恢复至本软件。⑤数据导入：将其他管理软件数据转换至本软件。⑥数据导出：将本软件数据转换至其他管理软件。⑦数据升级：将本软件旧版本数据转换至当前版本。

3. 医学装备计算机辅助管理软件系统的数据库设置

一台医学装备包含很多信息，如何将这些信息设置在不同的数据库中是整个软件的关键。设置数据库时，典型顺序是先创建数据库，接着配置属性文件，然后创建数据库表。最后，选择最适合医学装备计算机辅助管理软件环境的一组指示信息来配置数据库。

第四章 医院人事档案管理与优化研究

第一节 人事档案管理的一般方法

"人事档案是人们在社会实践活动的真实记载，这就要求人事档案不断补充其新的内容以及时完整地反映其最新的状况和真实面貌"。[①] 尽管人事档案类型多样，但各类人事档案都有共同之处，由此形成了人事档案管理的一般方法。例如，从档案管理的环节上看，各类人事档案都包含收集、鉴定、整理、管理、保管、提供利用等基本环节，这是人事档案管理方法的共性。

一、人事档案的收集

（一）人事档案收集的地位与作用

所谓人事档案收集工作，就是指人事档案管理部门通过各种渠道，将分散在有关部门所管人员已经形成的符合归档范围的人事档案材料收集起来，汇集成人事档案案卷的工作。

人事档案收集是人事档案部门取得和积累档案的一种手段，在人事档案工作中具有重要的地位与作用。

第一，它是人事档案工作的基础：人事档案收集工作可以提供实际的管理对象，只有将人事档案材料完整齐全地收集起来，才能为科学地整理和鉴选等各项业务工作的开展准备物质条件，打下坚实的基础。如果没有收集工作，人事档案工作将成为无源之水、无米之炊；如果收集工作不扎实，收集到的档案材料残缺不全，或者只收集到一些零散杂乱、

---

① 牛东华：《浅议医院人事档案管理中的新模式——人事档案代理》，载《山西档案》2008年第1期，第42页。

价值不大的人事档案材料，人事档案整理和鉴别将会遇到无法克服的困难。可以说，收集工作的质量，制约着各项业务工作的开展和管理水平的提高。

第二，它是实现人事档案集中统一管理的基本途径：由于人事档案来源的分散性和形成的零星性，而使用档案又要求相对集中，特别是一个人的材料必须集中一处，不应分散在不同地方，其分散性与集中使用就成为人事档案工作的矛盾之一，必须通过收集来解决这个矛盾。所以说，它是实现人事档案集中统一管理的基本途径。

第三，它是人事档案发挥作用的前提：人事档案材料收集得齐全完整、内容充实，能全面真实地反映一个人的历史与现实全貌，做到"档如其人""档即其人"，才能使其发挥应有的作用，才能帮助组织人事部门更好地了解人和正确地使用人，才能使贤者在职、能者在位；否则会产生"无档可查"或"查了不能解决问题"的现象，影响对人才的正确评价与使用，甚至导致错用人或埋没人。

（二）人事档案材料的收集范围

人事档案材料的收集必须有明确的范围。每个人在社会实践活动中形成的材料是多方面的，有的属于文书档案范围，有的属于专业档案范围，有的属于人事档案范围。根据各类档案的特点与属性，准确划分各自的收集范围，可以避免错收、漏收，是做好收集工作的先决条件。根据干部人事档案材料收集归档规定的精神，主要涉及以下范围：

1. 从内容上看

从内容上看，各类人事档案需要收集的基本材料包括：

（1）履历、自传或鉴定材料：各种履历表、登记表、本人或组织写的个人经历材料、本人写的自传以及各种鉴定表。

（2）政审材料：审查结论、复审结论、甄别平反结论或决定、通知、批复、组织批注意见、带结论性的调查报告、证明材料、本人交代和本人对组织结论签署的意见和对有关问题的主要申诉材料。

（3）纪检案件材料：处分决定、批复、通知、调查报告、复查、甄别、平反决定、本人决定、本人检讨、申诉、本人对处分决定签署的意见的复制件或打印件。

（4）职务任免、调级、出国人员审查材料、任免呈报表、调动登记表、调级审批表、出国人员审查表。

（5）入党入团材料：入党志愿书、入团志愿书、入党申请书、入团申请书（包括自传材料）、转正申请书，入党入团时组织上关于其本人历史和表现以及家庭主要成员、社会关系情况的调查材料。

（6）司法案件材料：判决书复制件及撤销判决的通知书。

（7）晋升技术职称、学位、学衔审批表以及工资、待遇、业务考绩资料：晋升技术职称、学位、学衔审批表、技术人员登记表、考试成绩表、业务自传、技术业务的个人小结以及组织评定意见、创造发明和技术革新的评价材料、考核登记表、重要论文篇目和著作书目。

（8）奖励材料：授予先进模范称号的决定、通知、批复、授勋审批表、事迹材料。

（9）考核及考查材料：组织正式的考核、考查材料、考核登记表。

（10）招聘、录用、调动、任免、转业、退（离）休、辞职（退）材料：这些活动中形成的各种表格，退休、离休审批表和有关工龄、参加革命工作时间的调查审批材料，本人申请材料。

此外，还有其他材料，包括出国（境）材料、各种代表会议代表登记表等材料、毕业生体检表、新录用人员体检表，个人写的思想、工作、学习总结、检查，近期的体检表、残疾登记表、死亡报告表、悼词等。

2. 从载体形式上来看

随着多种载体的共存互补，人事档案载体类型越来越多。从现有的载体看，主要包括：

（1）纸质人事档案载体，即以纸张为载体记录个人信息的档案，这是目前各级各类人事档案管理机构收集和整理的主体。

（2）非纸质人事档案载体，包括记录人事档案或者人事档案信息的光盘（光盘塔）、磁盘、数据磁带等。这类载体主要记录如下两种类型的人事档案：

电子人事文件（档案），即以数字形式记录个人信息的档案。我国人事管理工作信息化的发展以及相关的人事管理信息系统建立之后，生成了不少的电子文件材料，这些材料的数量越来越大。同时，原有移交纸质人事档案也在向移交纸质档案和电子文件的"双轨制"形式过渡，由此，人事档案管理工作必须对电子文件材料进行收集。电子文件的产生和运动规律有其特殊性，其生成归档、保存和维护等一系列活动，与纸质档案有较大的差别，因而必须在新的管理理论指导下做好其收集工作，进行合理有效的管理。

声像人事档案，即以声音、形象形式等记录个人信息的档案，具有形意结合、形象逼真，能观其行、闻其声、知其情的特点，既能弥补纸质档案材料上静态了解人才的传统方式的不足，又对更直观、更动态、更全面地了解人才起到一定的作用。

（三）人事档案材料的收集来源

人事档案部门管理的人事档案材料不是自己产生的，也不是档案人员编写的，是人事档案管理部门通过各种渠道收集、积累而成。人事档案材料的收集来源，从产生活动看，主要是学历教育、招聘、录用、任免、调动、转业、考查考核、专业技术职务评聘、党和群众团体组织建设、干部审查、奖惩、工资变动、出国（境）、人员流动、离退休等活动中形成的人事档案材料；从其来源看，有个人形成的，也有组织上形成的；从材料形成过程来看，既有在现实工作中由组织和个人自然形成的，也有组织上为了解个人专门情况而专门布置填写的。弄清人事档案材料的收集来源，是做好收集工作的前提条件。只有掌握了从哪里收集，收集哪些方面的内容，才能在收集工作中心中有数，抓住重点。具体来讲，人事材料的收集来源主要有两大方面：

1. 单位形成的人事档案材料

（1）组织、人事、劳动部门：这是形成人事档案材料的主要渠道，由其性质和档案内容决定。组织部门的主要职责之一就是贯彻执行党的干部路线与干部政策，搞好干部管理与培训，合理调整和使用干部，加强领导班子建设和干部队伍建设。人事部门是各级政府和企、事业单位综合管理干部的职能机构，承担人事工作的计划管理、工作人员的考试录用、教育培训、任免调动、工资福利、专业技术职称评聘、离休退休、军转安置、奖励惩戒、考查考核等工作任务。劳动部门是政府综合管理企业劳动工作的职能部门，承担企业劳力管理、工人录用聘用、调配培训、劳动工资、劳动安全、劳动保险和福利、劳动政策的贯彻执行和调查研究等。通过组织、人事、劳动部门收集个人的履历表、简历表、自传材料、考核考绩材料、政审材料、鉴定材料、培训、工资升级、出国、晋升技术职称、调动、任免、离休、退休等方面的材料。各单位组织、人事与劳动部门具体承担本部门或本单位在上述工作活动中形成的人事档案材料。

（2）党、团组织和政府机关：收集个人的入党志愿书、入团志愿书、入党申请书、入团申请书（包括自传材料），转正申请书以及入党入团时组织上关于其本人历史和表现以及家庭主要成员、社会关系情况的调查材料；入党、入团、党内外表彰等方面的材料以及统一布置填写的各种履历表、自我鉴定、登记表等材料。

（3）纪检、监察、公安、检察院、法院、司法部门：收集个人违犯党纪国法而形成的党内、外处分，取消处分，甄别复查平反决定，判决书复制件及撤销判决的通知书；个人检查以及判决书等方面的材料。

（4）人大常委、政协等有关部门：收集人大代表登记表、政协代表登记表等情况。

（5）科技、业务部门：收集反映个人业务能力、技术发明、技术职务评定和技术成果评定的材料，包括评聘专业技术职务（职称）的申报表、评审表、审批表，晋升技术职称、学位、学衔审批表，技术人员登记表，考试成绩表，业务自传，技术业务的个人小结以及组织评定意见，创造发明和技术革新的评价材料，考核登记表，重要论文篇目和著作书目等材料。

（6）教育、培训机构：收集个人在校学习时形成的学历、学位、学衔、学习成绩、鉴定、奖励、处分等方面的材料。我国从高中生、中专生、技校学生就开始建立人事档案。大学、党校、技术学院、成人教育、自学考试、培训院校都会形成人事档案，主要包括学生登记表、考生登记表、毕业生登记表、授予学位的材料、培训结业登记表、培训证明等。

（7）部队有关部门和民政部门：收集地方干部兼任部队职务方面的审批材料，复员和转业军人的档案材料。

（8）审计部门（或行政管理部门）：收集干部个人任期经济责任审计报告或审计意见等材料。

（9）统战部门：收集干部参加民主党派的有关材料。

（10）卫生部门：收集健康检查和处理工伤事故中形成的有关材料。

此外，还可以通过各种代表大会，收集代表登记表、委员登记表等材料。通过老干部管理部门，收集一些有保存价值的材料。通过个人原工作单位，收集有关文件明确规定的应该归入个人人事档案的材料。

2. 个人形成的人事档案材料

个人形成的人事档案材料主要指人事档案相对人个人形成的档案。由于个人形成者的主体不同，材料内容也有差别。干部档案中，相对人形成的人事档案材料有：自传及属于自传性质的材料、干部履历表、干部登记表、自我鉴定表、干部述职登记表、体格检查表、干部的创造发明、科研成果、著作和论文的目录、入党入团申请书、党员团员登记表等。工人档案中，相对人自己形成的人事档案材料有：求职履历材料、招工登记表、体格检查表、职工岗位培训登记表、工会会员登记表、入党入团申请书、党员团员登记表等。学生档案中，相对人自己形成的人事档案材料有：学生登记表、毕业生登记表、学习鉴定表、体格检查表、学历（学位）审批表、入党入团申请书、党员团员登记表等。

在相对人形成的人事档案材料中，从形成的程序来看，有直接形成和组织审核认可或签署意见才最终形成的区别。相对人直接形成的材料，一般只要符合完整齐全、规范真实、文字清楚、对象明确等归档要求即可归入人事档案。

（四）收集人事档案材料的要求与方法

1. 收集人事档案材料的基本要求

（1）保质保量：人事档案材料的归档范围，要有利于反映人的信息，要有利于领导的选才。

（2）客观公正：人事档案材料收集过程中必须以客观真实、变化发展、全面的思想为指导，符合事实、公正客观、准确无误，以达到信息的真正价值。

（3）主动及时：档案管理人员要明确自己的职责，主动联系，全面地、及时地收集人员的德、能、勤、绩等各方面现实表现的材料，鉴定、清理、充实档案的内容。归档时，注意到材料的准确性、可靠性和典型性。并将新的变化随时记入卡片，为查阅提供迅速、方便的服务，起到"开发人才的参谋部"作用。

（4）安全保密：人事档案材料收集过程中，要注意人事档案材料物质安全和信息内容安全，不丢失损坏，不失密泄密。人事档案材料丢失后很难补救，会造成相对人或某一事件上档案材料的空白，进而影响档案作用的发挥。人事档案信息内容泄密，既违反保守国家机密的原则，又可能侵犯个人的隐私权，对组织和相对人造成不应有的损害。

2. 收集人事档案材料的一般方法

（1）针对性收集：掌握人事档案材料形成的源流和规律，把握收集工作的主动权，有针对性地收集有价值的人事档案材料。

（2）跟踪性收集：跟踪每一个干部或人才的活动及变化情况进行收集。

（3）经常性收集：人事档案的收集工作不是一劳永逸的，也不是突击性的活动，而是贯穿于人事档案工作始终的一项经常性的工作。应了解人事档案材料的形成时间与范围，指导形成单位与个人注重平时的经常性收集，始终保持收集渠道的畅通，促使他们主动做好人事档案材料的积累和归档工作。

（4）集中性收集：一是以时间为界限，实行按月、季、年终为集中收集时间。二是根据各个时期组织、人事部门的中心工作，及时有效地集中收集人事档案材料，例如，党代会、人代会、政协会议换届、调整领导班子、考核干部、工作调整等活动结束时，就是集中收集人事档案的最佳时机。

（5）内部收集：对本单位组织、人事、劳动工作中形成的人事档案材料的收集。

（6）外部收集：对外单位形成的人事档案材料的收集。主要通过设置联络员、召开联席会议等方式收集。上述方法一般需要结合使用。例如，针对性与跟踪性相结合、经常性与集中性相结合、内部收集与外部收集相结合。

尤其需要提出的是，随着信息技术的普遍使用，利用网络收集电子人事档案和人事档案信息已经成为人事档案管理一个需要关注的方面。这不仅可以节约大量的人力，而且有助于人事档案信息的整理和提供利用。

（五）人事档案的收集制度

人事档案材料的收集，是一项贯彻始终的经常性工作，不能单纯依靠突击工作，应当建立起必要的收集工作制度。主要包括：

1. 归档（移交）制度

归档制度，是关于将办理完毕的人事档案材料归档移交到人事档案机构或档案专管人员保存的规定。其内容包括归档范围、归档时间、归档要求。归档范围与要求在前面已经讲过，这里主要讲归档时间。根据《干部人事档案材料收集归档规定》的精神，归档时间规定为：形成干部人事档案材料的部门，在形成材料的一个月内，按要求将材料送交主管干部人事档案的部门归档。各单位与部门在日常工作活动中形成的，属于人事档案管辖范围的材料，都应当及时地移交给人事档案部门，以使人事档案能够及时地、源源不断地得到补充。例如，对各级单位的党、团组织，人事与业务部门，应当本着档案工作中分工管理的精神，对现已保管的档案进行检查，发现属于人事档案范围的文件材料，应及时移交给人事档案部门；对于各单位的保卫部门，应当在员工的政治问题得到妥善解决之后，将结论、决定及相关重要材料送交人事档案部门归档；纪律检查和行政监察部门应当将有关人员的奖惩决定及重要材料送人事档案一份以备案。

2. 转递制度

转递制度主要指对于调动工作离开原单位人员档案转到新单位的规定。原单位的人事档案部门，应及时将本单位调入其他单位工作人员的人事档案材料，转递至新单位的人事档案部门，以防丢失和散乱。

3. 清理制度

人事档案部门根据所管档案的情况，定期对人事档案进行清理核对，将所缺材料逐一登记下来，有计划、有步骤地进行收集。

4. 催要制度

人事档案部门在日常工作中不能坐等有关部门主动送材料，也不能送多少就收多少，应当经常与有关单位进行联系，主动催促并索要应当归档的人事档案材料。如果有关单位迟迟不交，人事档案部门应当及时发函、打电话或者派人登门索要，一定要注意做到口勤、脚勤、手勤，以防漏下某些材料。

5. 及时登记制度

为了避免在收集工作中人事档案材料的遗失和散落，人事档案部门一定要做好档案材料的收集登记制度。就目前情况看，主要存在两种登记制度：一种为收文登记，即将收到的材料在收文登记簿上逐份登记；二是移交清单，由送交单位填写，作为转送或接收的底账，以便检查核对。

6. 检查制度

根据所管辖人事档案的数量状况，人事档案管理部门应在每季度、半年或一年对人事档案进行一次检查核对，将那些不符合归档要求的材料，立即退回形成机关或部门重新制作或补办手续；剔出不属人事档案归档范围的材料退回原单位处理。另外，根据人事档案之间的有机联系，如果发现缺少的材料，应当填写补充材料登记表，以便补齐收全。

7. 随时补充材料制度

组织、人事及劳资部门为了了解员工各方面的情况，及时补充人事档案的内容，应当根据工作需要和档案材料的短缺情况，不定期地统一布置填写履历表、登记表、自我鉴定、体检表等，以便随时补充人事档案材料，使组织上能比较完整地掌握一个人的情况。在利用信息系统时，需要将收集到的材料及时补充到系统中，及时更新系统信息，或者一旦系统收到重要的人事档案时，也需要将该电子档案制成纸质硬拷贝保存。这是一个双向的过程，其根本目的是在当前的"双套制"下，系统的信息管理与实体档案管理基本保持同步。

（六）人事档案材料收集与补充的重点

目前新形势下的人事工作需要的是人事档案内容新颖、能够全面地反映个人的现实状况，尤其需要反映业务水平、技术专长、兴趣、工作业绩以及个人气质等方面的材料，而当前的人事档案收集工作恰恰不能满足这种需求。要改变这种状况，人事档案部门应当确定当前收集工作的重点，例如应重点收集反映业务水平和技术专长、发明创造、科研成果的鉴定、评价、论著目录等材料，反映重大贡献或成就、工作成绩的考查和考核等材料，反映学历和专业培训的材料，出国、任免、调动等方面情况的材料等，都应算作收集的重点。

在业绩方面，除了现在已归档的外语水平、科技成果，评审职称形成的业务自传材料，还可建立现实表现专册。专册包括专业人员每年的自我小结和组织上的全面考核，包括工作实绩、科技开发、思想修养等，这样便于在选拔优秀人才时，也注重工作业绩的考核，对人具有现实性的了解。兴趣爱好体现了人的知识的广度和深度。将兴趣融入工作中，可以充分发挥自己的能量。组织部门注意观察和记录人的兴趣爱好，可以全面地考查、认识干部，用人之所长。同时，人与人之间气质的合理配置对事业的发展也有较大影响。现代科学研究认为，人的气质有不同的类别，而不同的岗位需要具有不同气质的人员。了解人的气质有利于人才合理配置。当然，这项工作的收集要有个逐步形成的过程，经过一段时间的接触，多方摸底，才能了解人的气质特点。

二、人事档案的鉴定

人事档案的鉴定是指依照一定的原则与规定，对收集起来的人事档案材料进行真伪的鉴别和价值的鉴定，再根据它们的真伪和价值进行取舍，将具有保存价值的材料归入档案、确定保存期限，把不应当归档的材料剔出销毁或转送其他部门予以处理的一项业务工作。收集的材料，必须经过认真的鉴别。属于归档的材料应真实，完整齐全，文字清楚，对象明确，手续完备。需经组织审查盖章或本人签字的，盖章签字后才能归入人事档案。不属于归档范围的材料不得擅自归档。

（一）人事档案鉴定工作的作用体现

第一，人事档案材料的鉴定工作是归档前的最后一次审核。这项工作决定着人事档案文件材料的命运，关系到人事档案质量的优劣和能否正确地发挥作用，是保证人事档案完整、精练、真实、实用的重要手段。

第二，人事档案材料的鉴定工作是人事档案管理工作的首要环节。对于收集起来的杂而乱的人事档案材料进行清理和鉴别，确定和进行取舍，是人事档案系统整理工作的基础和前提。假如略去这一环节，不该归档的没有清理出去，该归档的又没有收进来，就会直接影响后面的诸环节，甚至造成整个工作的全部返工。

第三，人事档案材料的鉴定工作对其他各项业务工作具有积极的促进作用。鉴定工作与其他环节工作有着紧密的联系，通过鉴别工作，可以促使档案人员重视人事档案材料的质量，能发现哪些档案材料不齐全，以便及时收集，同时还可以提高收集工作在来源上的质量，不至于把一些不必要的、没有价值的材料都收集起来。再例如，鉴别工作的质量高低，直接关系到人事档案保管工作，通过鉴别，把那些不需要归档的材料从档案中剔除出去，减少档案的份数，可以节约馆库面积，有利于保管工作。此外，鉴别工作还可以促进人事档案利用工作的开展。鉴别工作中取舍恰当、合理，就能保证人事档案的真实性和精练性，否则一旦该归档的材料销毁了，就不可复得了，会给党的事业造成不必要的损失。

第四，人事档案材料的鉴定工作是正确贯彻人事政策的一项措施。通过鉴别，将已装入人事档案中的虚假不实材料剔除出去，可以为落实人事政策提供依据、消除隐患，保证党的组织人事路线、方针政策的贯彻执行。

第五，人事档案材料的鉴定工作有利于应对突然事变。突然事变是指战争、水灾、火灾、地震等天灾人祸，往往突发性强，难以预料。如果能对人事档案价值进行区分鉴别，遇到突发事变后，就有利于重要价值档案的抢救与保护，减少不必要的损失；反之，如果不对人事档案进行鉴定，不区分有无价值、不区分价值大小，遇到突然事变后就会束手无策，不能及时抢救珍贵的、有重要价值的人事档案，造成"玉石俱毁"。

第六，人事档案材料的鉴定工作有利于确定人事档案的保存期限，提高人事档案的质量和利用率，满足社会长远需要。因为人事档案不仅对现在有用，而且对今后还有查考利用价值，通过鉴定，使真正有价值的人事档案保存下来，可以造福子孙后代，让未来的研究者不必花更多的时间和精力去鉴别、挑选、考证有关人物的材料，可以为后人查询历史人物和历史事件提供依据和参考。

（二）人事档案鉴定的具体内容

从总的方面来看人事档案鉴定的内容，主要包括对收集起来的人事档案材料进行真伪的鉴别，将具有保存价值的材料归入档案；制定人事档案价值的鉴定标准，确定人事档案的保管期限；挑出有价值的档案继续保存，剔除无须保存的档案经过批准后销毁；为进行上述一系列工作所做的组织安排。

从具体方面来看人事档案鉴定的内容，可分为两大部分，即人事档案真伪的鉴别内容与人事档案价值鉴定的内容。

1. 人事档案真伪的鉴别内容

人事档案鉴别工作应当本着"取之有据，弃之有理"的原则来进行，即凡是确定有关材料应当归档就要符合有关规定；凡是确定要剔出处理某些材料，要有充足的理由，尤其是剔出应当销毁的材料，一定要非常谨慎；要严格按照有关政策和规定办事，不该归档的材料，一份也不能归档；应该归档的材料，一份也不能销毁。人事档案鉴别工作的内容范围大致包括以下几个方面：

（1）判断材料是否属于本人。

鉴别这个问题的主要方法是辨认姓名的异同。下列三种情况比较容易混淆：

同姓同名：这是最容易混淆也最难发现的一种情况。对这种情况的辨认方法是逐份地核对同姓同名的材料，尤其是核对材料上的籍贯、年龄、家庭出身、本人成分、入党时间、参加工作时间、工资级别等情况是否相同，主要经历是否一致。为了达到互相印证的目的，要尽可能地多核对一些项目，使鉴别结论有可靠的依据和基础。

同姓异名或异姓同名：这是收集人事档案材料时造成的。鉴别时要特别留心材料上的姓名，对那些姓名有某些相同之字的材料，更要提高警惕。如果在鉴别材料时只注意看内容，而不大注意看姓名，就很容易让那些同姓异名或异姓同名的材料蒙混过去。

一人多名：有的人在不同时期有不同的名字，例如儿童时期有乳名，上学时有学名，还有的人有字号、笔名、化名、别名等，如果不认真辨认，就很容易使一个人的档案材料身首异地。辨别这种情况的方法有三种：第一，核对后期材料姓名栏内曾用名，是否有与前期原名相同的名字；第二，清查档案内是否有更改姓名的报告和审批材料；第三，将不同姓名的材料内容进行核对，看看每份材料的年龄、籍贯、经历等情况是否相同。

（2）辨认材料的内容和作用。

看内容：即审核材料的内容是否与该人员的问题有关，例如政审材料中所反映的内容与该人员的结论是否有内在联系，是不是结论的依据。

看用途：例如对于证明材料，要详细审查，看此材料用于证明谁的问题，也就是被证明人是谁，如果被证明人不是该人员，那么这份材料一般也就不是该人员的。该人员所写的证明他人问题的材料，由于它的用途不是证明该人员的，所以不该归入该人员档案中。

（3）判断材料是否属于人事档案。

一个人的档案材料包括人事档案内容的材料及非人事档案内容的材料两大部分。在非人事档案材料之中，有的是属于文书、业务考绩、案件等档案内容的材料，有的属于本人保存的材料，有的是应转送有关部门处理的材料，鉴别工作的任务就是将人事档案材料与非人事档案材料严格区分开来，择其前者归档，并将那些非人事档案内容的材料另加处理。常见的人事材料主要是前面讲的一些内容，在此不再赘述。

（4）判断材料是否真实、准确。

做人事档案工作必须讲究实事求是，来不得半点虚假和含糊其辞，由此要求人事档案材料所记述的内容必须真实而且准确，不能前后矛盾，模棱两可。在鉴别工作中一旦发现内容不属实、观点不明确、言词不达意或词义含混的情况，应立即退回原单位重新改正。

要保持人事档案的精练，重份材料或内容重复的材料必须剔除。鉴别的时候，无论是正本还是副本，只需保留一份，多余的可以剔出。例如有的人在入党之前写了许多份入党申请书，鉴别时可以只选取其中内容最完整、手续最齐全、字迹最清楚的归入本人档案的正本和副本中。

2. 人事档案价值鉴定的内容

（1）确定材料是否有保存价值：归档的材料要能反映个人的政治思想、业务能力、工作成绩、专长爱好等方面的情况。

（2）剔除无价值的人事档案材料：对于一些没有价值或价值不大的材料以及似是而非、模棱两可、不能说明问题、没有定论、起不了说明作用的旁证材料，不要归档，尤其对内容不真实、不准确、甚至诬蔑陷害等材料更不能归入。

（3）判定人事档案价值：根据一定的原则与标准确定什么样的档案需要保存多长时间，如短期、长期、永久，或者定期、永久。

（三）人事档案价值鉴定的方法

人事档案价值鉴定的方法主要以下几种：

1. 内容鉴定法

人事档案内容是决定人事档案价值最重要、錤核心的要素，也是最重要的方法。因为利用者对档案最普遍、最大景的利用需求，反映在对档案内容的要求上，即人事档案中记载了人们活动的事实、历程、数据、经验、结论等，所以，人事档案内容是人事档案鉴定最重要的方法。在对人事档案价值进行鉴定时，必须分析人事档案内容的重要性与信息量的丰富程度、真实性、独特性、典型性等因素。

2. 来源鉴定法

人事档案来源是指人事档案的相对人和形成机构。由于相对人和形成机构在社会生活和国家政务活动中所处的地位、职务、职称等方面的不同，对国家和社会的贡献不同，因而其人事档案的价值也有大小之分和重要程度的区别，所以人事档案来源可以作为其价值鉴定的方法之一。主要从以下几个方面分析：

（1）看成就或贡献：凡是对党和国家或某一地区及某一学科研究做出了贡献的人员，包括发明创造者、新学科的创始人、领导人、某运动的首倡者，发表过重要论文和著作、作品者，以及具有一技之长的人，或者某一著名建筑工程的设计者等做出了各种贡献的人员，死亡之后，他们的档案应当由原管理单位保存若干年以后移交本机关档案部门，随同到期的其他档案移交给同级档案馆长久保存。

（2）看知名度：一个人在国内外、省（市）内外、县（市）内外享有较大的声誉和知名度，其人事档案的价值较大，人事档案管理部门应当对在社会上有一定威望的著名政治家、社会活动家、企业家、民主党派人士、作家、诗人、艺术家、专家、学者、各方面的英雄模范人物及其他社会名流的档案材料重点进行保管。这类人员死亡以后，在原单位保存若干年以后移交本机关档案部门，随同到期的其他档案移交给同级档案馆长久保存。

（3）看影响力：影响力指的是在某一地区有重大影响的人员的影响能力。例如各个方面的领袖人物、轰动一时的新闻人物、重大事件或案件的主要涉及者、重要讨论的发起者等，这些人的档案材料在其死亡后由原单位保存若干年以后移交本机关档案部门，随同到期的其他档案向同级档案馆移交并永久保存。

（4）看职务级别：也就是看该人在生前担任过何种职务。一般来说，职务较高的，其人事档案材料的保存价值就较大，保管期限就长一些。例如，《干部档案工作条例》规定，中央和国务院管理干部去世后，其干部档案由原管理单位保存 5 年后，移交中央档案馆永久保存。

（5）看技术职称、学位和学衔：技术职称、学位和学衔是一个人在学术界的地位和专业上的造诣的突出表现。中国科学院院士、中国工程院院士、教授、研究员、高级工程师等，都在某一学术或工程技术领域中做出了一定成就，他们的人事档案材料对生前从事的科学研究、参与的社会实践、发明创造等方面，有准确而又具体的记载，能提供较多的信息，具有历史研究和现实查考意义，档案的价值较大，其人事档案由原单位档案室保存若干年以后，移交档案馆保存。

上述五个方面的来源，不是孤立的，而是互有联系的，在鉴定档案价值时应综合分析研究、准确判断。

3. 时间鉴定法

时间鉴定法，是指根据人事档案形成时间作为鉴定依据。一般来讲，形成时间越久的人事档案，其保存价值越大。这主要是由于年代越久的档案，留存下来的很少、很珍贵，所以需要重点保存。

此外，还有主体鉴定法、效益鉴定法等。主体鉴定法是指在人事档案价值鉴定中，用主体需求程度与要求去评价。由于社会生活的丰富多彩，主体对人事档案的需求比较复杂。一方面，不同学历层次、不同文化素质、不同经历、不同年龄、不同历史条件下的人员，对人事档案会产生不同的要求，因而对人事档案价值的认识也是不同的。另一方面，即使同一主体，在不同时间、不同地点、不同条件下对人事档案的需求也是不同的，那么，对档案价值的认识也是有差异的。因此，在人事档案鉴定工作中也会根据主体的认知程度判断档案价值。效益鉴定法是指根据人事档案发挥的社会效益与经济效益判定档案价值。这两种方法带有很强的主观性，只能作为参考。

（四）人事档案保管的期限

人事档案的价值不是一成不变的，具有一定的时效性。档案的时效性，决定了人事档案的保管期限。人事档案期限可分为永久、长期、短期三种，也可以分为永久与定期两种。

人事档案保管期限表是以表册形式列举档案的来源、内容和形式，并指明其保管期限的一种指导性文件。人事档案保管期限表的作用表现在三个方面：①是人事档案鉴定的依据和标准；②可以避免个人认识上的局限性与片面性，保证人事档案鉴定工作的质和提高鉴定工作的效率；③能够有效地防止任意销毁人事档案的现象发生。

（五）对不在归档范围内材料的处理方法

对不归档材料的处理主要有下列四种方法：

转：凡是经过鉴别，并不属于本人的材料，或者根本不在归档之列的材料，必须剔出，转给有关单位保存或处理。

退：对于近期形成的某些档案材料，手续不够完备，或者内容还需要查对核实的，需要提出具体的意见，退回有关单位，等到原单位修改补充后再行交回。如果材料应退回去的，必须经过领导批准退回本人，并办理相应的手续。

留：凡是不属于人事档案的范围，但很有保存价值的有关参考资料，经过整理以后，应由组织或人事部门作为业务资料保存。

毁：经人事档案部门鉴别后，确实没有保存价值的材料，应当按照有关规定作销毁处理。销毁的材料应当仔细检查，逐份登记，写清销毁理由，经主管领导批准后，才能销毁。

（六）人事档案材料的审核与销毁

1. 人事档案材料的审核

人事档案材料的审核，是指对已归档和整理过的档案，进行认真细致的审查核定，以确保人事档案材料完整齐全、内容真实可靠、信息准确无误的工作。

审核的主要内容：主要审核档案材料中是否齐全完整，是否有缺失、遗漏，有无涂改伪造情况；审核档案材料是否手续完备，填写是否规范；审核档案材料中有无错装、混装的现象，审核档案材料归档整理是否符合要求。

审核要求：力求保证人事档案材料齐全完整、真实可靠；对档案中缺少的主要材料应逐一登记、补充收集归档；对人事档案材料中内容不真实的情况，应根据有关政策规定予以确认，确保档案中的信息真实可靠；对人事档案材料中前后不一致的材料，应进行更正。

2. 人事档案的销毁

人事档案的销毁，是指对无保存价值的人事档案材料的销毁，是鉴定工作的必然结果。销毁档案，必须有严格的制度，非依规定的批准手续，不得随意销毁。凡是决定销毁的档案，必须详细登记造册，作为领导审核批准以及日后查考档案销毁情况的依据。

三、人事档案的整理

人事档案的整理工作，就是依据一定的原则、方法和程序，对收集起来经过鉴别的人事材料，以个人为单位进行归类、排列、组合、编号、登记，使之条理化、系统化和组成有序体系的过程。

（一）人事档案整理工作的内容与范围

人事档案整理工作的内容主要包括：分类、分本分册、复制、排列、编号、登记目录、技术加工、装订。

人事档案整理工作的范围，主要包括以下两个方面：

一是对新建档案的系统整理：主要指对那些新吸收的人员的档案材料的整理，这部分档案材料原来没有系统整理，或者没有进行有规则地整理，材料零乱、庞杂，整理起来工作量大，比较复杂，而且随着各行业各单位新老人员的交替，这部分档案的整理工作将是连续不断的，因此必须从思想上提高对这一工作的重视程度，将其列入议事日程，及时地做好新吸收人员的人事档案的整理工作，以适应人事工作的需要。

二是对已整理档案的重新调整：由于人事档案具有动态性的特征，始终处于动态变化之中，因而对于每一个已经整理好的人事档案来说，其整理工作不是一劳永逸的，已整理好的人事档案有时需要增加或剔除一定数量的材料，这就有必要重新整理这部分档案材料，这种整理实际上是一种调整。对于那些零散材料的归档，只需随时补充，不必重新登记目录，只在原有目录上补登即可。

此外，有时根据社会的发展要求，还需对人事档案进行普遍整理。例如，为了落实党的干部政策，需要对过去形成的人事档案进行普遍的整理，清除历次政治运动中不真实的人事档案材料。

（二）人事档案整理工作的要求

整理人事档案时，必须按照因"人"立卷、分"类"整理。具体整理过程中，需要做到：

（1）分类准确，编排有序，目录清楚：不同类型的人事档案具有不同的整理要求，但不论是何种人事档案，都需要在科学分类的基础上进行准确整理和编排；同时，随着时间的推移，新的人事档案材料不断加入，这就需要在原有的整理的基础上进行再整理，直到符合当事人最新的、最客观的记录。

（2）整理设备齐全，安全可靠：整理人事档案，事先要备齐卷皮、目录纸、衬纸、切纸刀、打孔机、缝纫机等必需的物品和设备；同时，整理人事档案的工作人员，必须努力学习党的干部工作方针、政策和档案工作的专门知识，熟悉整理人事档案的有关规定，掌握整理工作的基本方法和技能，认真负责做好整理工作，使人事档案工作做到安全可靠。

（三）人事档案的正本和副本

1. 正本和副本法人概念及其差别

根据人事档案管理和利用需要，一个人的全部人事档案材料可分别建立正本和副本。正本和副本都是人事档案材料的内容，但是两者存在不少差别：

一是管理范围不同。正本是由全面反映一个人的历史和现实情况的材料构成的；副本是正本的浓缩，是一个人的部分材料，由正本中的部分材料构成，为重份材料或复制件。

二是管理单位不同。正本由主管部门保管，副本由主管部门或协管部门保管。军队干部兼任地方职务的，其档案正本由军队保管；地方干部兼任军队职务的，其档案正本由地方保管。正本与副本的建档对象不同，正本是所有员工都必须建立的，副本一般来说是县级及县级以上领导干部等双重管理干部，由于主管与协管单位管人的需要，才建立副本，供协管单位使用，对于一般员工，只需要建立正本即可。

三是价值不同。正本是相对人的全部原件材料，具有较高的保存价值，其中双重管理的领导干部的档案，一般都要长久保存。副本是正本主要材料的复制件，一般在相对人死亡后，副本材料经过批准可以销毁，正本则需移交档案馆永久保存。

2. 人事档案分建正本和副本的意义

人事档案分建正本和副本，对人事档案管理与利用具有重要的意义。

第一，有利于干部人事档案材料的分级管理：我国现行的人事管理制度，特别是对领导干部的管理，实行的是主管和协管的双重管理体制，即上级主管和本级协管。干部档案为了与干部工作相适应，必须实行分级管理的体制。双重管理人员的干部档案建立正本与副本，正本由上级组织、人事部门保管，副本由本级组织、人事部门保管。可以说，人事档案正本副本制度的建立，不仅有利于干部分级管理，而且可以解决干部主管和协管部门日常利用干部档案的矛盾。

第二，有利于人事档案的保护：对于领导干部，建立正本和副本的"两套制"档案，分别保存在不同的地方，若遇战争、灾害等不可预测的事变，档案不可能全部毁灭，一套损毁了，还有另一套被保存下来继续提供利用。

第三，有利于提供利用：建立正本和副本，可以同时满足主管和协管单位利用档案的要求，大大方便了利用者。可以根据情况提供正本或副本，如果只需要查阅副本时，人事档案人员可以只提供副本，这样既便于保密，又提高了利用效率。

第四，有利于延长档案的寿命：建立正本和副本两套制后，在提供利用时，可尽量使用副本，以减少正本的查阅频率，减少磨损、延长寿命。

（四）人事档案的分类

人事档案一般分为正本和副本，再对正本和副本进行分类。

1. 人事档案正本的分类

人事档案正本的分类：主要分为 10 类。

第一类，履历材料。履历表（书）、简历表，干部、职工、教师、医务人员、军人、学生等各类人员登记表、个人简历材料，更改姓名的材料。

第二类，自传材料。个人自传及属于自传性质的材料。

第三类，鉴定、考核、考察材料。以鉴定为主要内容的各类人员登记表，组织正式出具的鉴定性的干部表现情况材料；作为干部任免、调动依据的正式考察综合材料；考核登记表、干部考核和民主评议的综合材料。

第四类，学历、学位、学绩培训和评聘专业技术职务材料。报考高等学校学生登记表、审查表，毕业登记证，学习（培训结业）成绩表，学历证明材料，选拔留学生审查登记表；专业技术职务任职资格申报表，专业技术职务考绩材料，聘任专业技术职务的审批表，套改和晋升专业技术职务（职称）审批表；干部的创造发明、科研成果、著作及有重大影响的论文（如获奖或在全国性报刊上发表的）等目录。

第五类，政治历史情况的审查材料。包括甄别、复查材料和依据材料，有关党籍、参加工作时间等问题的审查材料。

第六类，参加中国共产党、共青团及民主党派的有关材料。

第七类，奖励材料。包括科学技术和业务奖励、英雄模范先进事迹材料，各种先进人物登记表、先进模范事迹、嘉奖、通报表扬等材料。

第八类，处分材料（包括甄别、复查材料，免于处分的处理意见），干部违犯党纪、政纪、国法的材料，查证核实报告上级批复，本人对处分的意见和检查材料，通报批评材料等。

第九类，录用、任免、聘用、专业、工资、待遇、出国、退（离）休、退职材料及各种代表会代表登记表等材料。

第十类，其他可供组织上参考的材料。人员死亡后，组织上写的悼词，非正常死亡的调查处理材料，最后处理意见，可集中放在第十类里面。

2. 人事档案副本的分类

人事档案副本由正本中以下类别主要材料的重复件或复制件构成。

第一类的近期履历材料。

第三类的主要鉴定、干部考核材料。

第四类的学历、学位、评聘专业技术职务的材料。

第五类的政治历史情况的审查结论（包括甄别、复查结论）材料。

第七类的奖励材料。

第八类的处分决定（包括甄别复查结论）材料。

第九类的任免呈报表和工资、待遇的审批材料。

其他类别多余的重要材料，也可归入副本。

（五）人事档案的归类

人事档案材料分为十大类之后，应当把每份材料归入相应的类中去。归类的方法主要有两种：

按文件材料的名称归类：凡是文件材料上有准确名称的，就可以按名称归入所属的类别中。例如，履历表、简历表归入第一类，自传归入第二类，鉴定表归入第三类。

按内容归类：对于只看名称而无法确定类目归属的材料，应当根据其内容归入相应的类别。如果材料内容涉及几个类目时，就应当根据主要内容归入相应类目。

（六）人事档案材料的排列与编目

1. 人事档案材料的排列

在人事档案归类后，每类中的档案材料应当按一定的顺序排列起来，排列的原则是依据人事档案在了解人、使用人的过程中相互之间固有的联系，必须保持材料本身的系统性、连贯性，以便于使用和不断补充新的档案材料。人事档案的排列顺序有三种：

按问题结合重要程度排列：将该类档案材料按其内容所反映的不同问题分开，同一问题的有关材料，再按重要程度排列。例如，对于入党、入团材料，先按入党、入团的不同问题分开，入党的材料按入党志愿书、组织转正意见、组织员谈话登记表、入党申请书、入党调查材料这一顺序排列。

按时间顺序排列：依照人事档案形成时间的先后顺序，从远到近，依次排列。采用这种方法，可以比较详细地了解事物的来龙去脉，掌握员工的成长和发展变化情况，同时也有利于新材料的继续补充。运用这种方法排列的有履历类、自传类、鉴定考核类和其他类。

按问题结合时间顺序排列：先将这类材料按其内容反映的不同问题分开，再将同一问题的有关材料按时间顺序排列。这种方法适用于反映职务、工资等方面的材料。排列时先分为职务、职称、出国、工资、离退休、退职等问题，每一问题内按材料形成时间由远到近排列。

2. 人事档案的编目

人事档案的编目，是指填写人事档案案卷封面，保管单位内的人事档案目录、件、页号等。

人事档案目录具有重要作用，可以固定案卷内各类档案的分类体系和类内每份材料的排列顺序及其位置，避免次序混乱，巩固整理工作成果。编目是帮助利用者及时准确查阅所需材料的工具，是人事档案材料登记和统计的基本形式，是人事档案管理和控制工具，有助于人事档案的完整与安全。

人事档案卷内目录一般应设置类号、文件题名（材料名称）、材料形成时间、份数、页数、备注等著录项目。

（七）人事档案的复制与技术加工

1. 人事档案材料的复制

人事档案材料的复制，就是采用复印、摄影、缩微摄影、临摹等方法，制成与档案材料原件内容与外形相一致的复制件的技术。复制的主要作用：一是为了方便利用；二是为了保护档案原件，使其能长期或永久保存，延长档案材料的寿命。

人事档案材料的复制，应该符合一定的要求，忠实于人事档案原件，字迹清晰，手续完备。

人事档案材料的复制范围，主要指建立副本所需的材料，如圆珠笔、铅笔、复写纸书写的材料、字迹不清的材料、利用较频繁的材料。

2. 人事档案材料的技术加工

人事档案材料的技术加工，就是为便于装订、保管和利用，延长档案寿命，对于纸张不规则、破损、卷角、折皱的材料，在不损伤档案历史原貌的情况下，对其外形进行一些技术性的处理。

人事档案材料的技术加工的方法，包括档案修裱、档案修复、加边、折叠与剪裁。

3. 人事档案材料的装订

人事档案材料的装订，是指将零散的档案材料加工成册。经过装订，能巩固整理工作中分类、排列、技术加工、登记目录等工序的成果。

4. 人事档案材料的验收

验收是对装订后的人事档案按照一定的标准，全面系统地检验是否合格的一项工作。其方法包括自验、互验、最后验收。

四、人事档案的统计

人事档案的统计是指通过特定的人事档案项目的数量统计，为人事管理部门提供科学参考。利用信息系统，尤其是网络化的人事档案管理信息系统，其中的"移交"或者 Excel 统计功能，可以方便地进行统计。

（一）人事档案管理各环节的数量状况统计

1. 人事档案总量统计

（1）外部形式上：正本有多少，副本有多少。

（2）种类上：国家公务员档案有多少，教师档案有多少，科技人员档案有多少，新闻工作者档案有多少，一般职工档案有多少，流动人员档案有多少，军人档案有多少，学生档案有多少，每类还可以往下细分。

（3）保管期限上：永久的有多少，长期的有多少，短期的有多少。

2. 人事档案收集情况的统计

人事档案收集情况的统计包括共收集人事档案有多少。其中属于归档的材料有多少，转给有关部门的有多少，销毁的有多少，在材料来源上，各是通过哪些途径收集的，各途径收集的有多少。

3. 人事档案整理情况的统计

人事档案整理情况的统计是指已经整理和尚未整理的数域有多少。通过整理需要销毁的档案材料有多少，复制的有多少，以及其他整理过程中的具体数字。

4. 人事档案保管情况统计

人事档案保管情况统计包括统计档案的流动情况和档案遭受损失的情况。

5. 人事档案提供利用工作情况的统计

人事档案提供利用工作情况的统计包括统计查阅人次，有哪几类利用者，在档案室阅览的有多少，外借的有多少。

（二）档案库房和人员情况的统计

档案库房设备情况的统计：统计库房设备的个数，其面积有多大，各类设备有多少，设备的保养情况等。

人事档案工作人员情况的统计：应定编人数、实定编人数、实有人数、与所管档案数量的比例、工作人员的年龄状况、文化程度、从事此工作的年限、是否受过训练等情况。

五、人事档案保管

人事档案保管是采取一定的制度和物资设备及方法，保存人事档案实体和人事档案信息。

（一）人事档案保管的范围

人事档案保管范围主要分为以下几种情况：

（1）分级管理的人员，其全套人事档案应由主管部门保管，主要协管的部门只保管档案副本，非主要协管和监管的单位不保管人事档案，根据工作需要可以建立卡片。

（2）军队和地方互兼职务的人员，主要职务在军队的，其人事档案则由军队保管；主要职务在地方的，其人事档案则由地方保管。

（3）人员离休、退休和退职后，就地安置的，由原管理单位或工作单位保管；易地安置的，则可以转至负责管理该人员的组织、人事部门保管。

（4）人员被开除公职以后，其档案转至该人员所在地方人事部门或管理部门保管，其中干部必须由当地县或相当县级的人事部门保管。

（5）人员在受刑事处分或劳动教养期间，其档案由原单位保管。刑满释放和解除劳教后，重新安置的，其档案应当转至主管单位保管。

（6）人员出国不归、失踪、逃亡以后，其档案由原主管单位保管。

（二）人事档案的存放与编号方法

人事档案的存放与编号方法主要有以下几种：

1. 姓氏编号法

将同姓的人的档案集中在一起，再按照姓氏笔画的多少为序进行编号的方法叫姓氏编号法。具体方法如下：

（1）摘录所保管的一切人事档案中的姓名，将同姓的人的档案集中在一起。

（2）按照姓氏笔画的多少，将集中起来的人事档案由少到多的顺序排列起来。

（3）把同一姓内的姓名再进行排列。先按姓名的第二个字的笔画多少进行排列，如果第二个字的笔画相同，可以继续比较第三个字的笔画多少。

（4）将所排列的姓名顺序编制索引，统一进行编号。

（5）将索引名册的统一编号标注在档案袋上。

（6）按统一编号的次序排列档案，并对照索引名册进行一次全面的清点。

编号时需要注意几个问题：第一，每一姓的后面要根据档案递增的趋势留下一定数量的空号，以备增加档案之用。第二，姓名需用统一的规范简化字，不得用同音字代替。第三，档案的存放位置要经常保持与索引名册相一致。

2. 四角号码法

所谓四角号码法就是按照姓名的笔形取其四个角来进行编号的方法。它的优点是比较简便易学，且因为按这种方法是根据姓名的笔形来编号存放的，所以查取时就不必像按姓名笔画顺序编号法和按单位、职务顺序编号法查找那样，一定要通过索引登记来找到档案号再取材料，而是根据姓名的笔形得出档案号直接查取。

人事档案的四角号码编号法，同四角号码字典的编写原理基本相同，只要掌握了四角号码字典的查字方法，再学习人事档案的这种编号法，就比较容易了。但是这种人事档案四角号编号法同四角号编号字典的方法也有某些不同之处。它有自己特殊的规律，所以不能完全等同于四角号码编号法。

3. 组织编号法

将人事档案按照该人员所在的组织或单位进行编号存放的方法称为组织编号法。它适用于人事档案数量较少的单位，做起来比较简便。但是它也有一些弊病：一是位置不能固定，一旦该人员调离了该单位，就得改变其人事档案原来的存放位置；二是在档案增多超过了一定的限量时，就会给查找带来困难，因此使用这种方法的档案数量一般不得超过300个。

这种编号方法的具体过程是：

第一，将各个组织机构或单位的全部人员的名单进行集中，并按照一定的规律（例如按照职务、职称、姓氏等）将各个组织的名单进行系统排列。

第二，依据常用名册人员或编制配备表的顺序排列单位次序，并统一编号，登记索引名册。

第三，将索引名册上的统一编号标注在档案袋上，按编号顺序统一存放档案。

此外，还必须注意以下两个问题：一是要根据人员增长的趋势预留出一定数量的空号，以备增加档案之用。二是各个组织或单位不能分得太细，一般以直属单位为单位，如果有二、三级单位，只能作为直属单位所属的层次，而不能与直属单位并列起来。

4. 拼音字母编号法

拼音字母编号法是按照人事档案中姓名的拼音字母的次序排列的编号方法，其基本原理就是"音序检字法",这种方法的优点是比较简便。

拼音字母编号法的排列次序一般有三个层次：一是先排姓,按姓的拼音字母的顺序排列。二是同姓之内,再按其名字的第一个字的拼音字母的次序排列。三是如果名字的第一个字母相同,再按这个名字的第二个字的首字母进行排列。

5. 职称级别编号法

职称级别编号法是将不同的职称级别和职位高低进行顺序排列,然后依次存放的编号方法。这种编号存放的方法,将高级干部、高级知识分子和其他特殊人员的档案同一般人员的档案区分开来单独存放,便于进行重点保护,特别是发生在突发事件时便于及时转移。

这种编号方法的具体操作过程与第三种编号方法基本相同。

(三) 人事档案保管设施与要求

根据安全保密、便于查找的原则要求,对人事档案应严密、科学地保管。人事档案部门应建立坚固的、防火、防潮的专用档案库房,配置铁质的档案柜。库房面积每千卷需2030平方米。库房内应设立空调、去湿、灭火等设备；库房的防火、防潮、防蛀、防盗、防光、防高温等设施和安全措施应经常检查；要保持库房的清洁和库内适宜的温、湿度(要求：温度14~24℃,相对湿度45%~60%)；人事档案管理部门,要设置专门的档案查阅室和档案管理人员办公室。档案库房、查档室和档案人员办公室应三室分开。

六、人事档案的转递

由于当前新的劳动管理制度和用工制度的变化,人员的主管单位也不是永远不变的,人事档案管理部门必须随着该人员主管单位的变化及时将其人事档案转至新的主管或协管单位,做到人由哪里管理,档案也就在哪里管理,档案随人走,使人事档案管理的范围与人员管理的范围相一致,这就是人事档案的转递工作。如果人事档案的转递工作做得好,该转的及时送转,就不会造成人员的管理与人事档案的管理相脱节,原管单位有档无人,形成"无头档案",新的主管单位则"有人无档",这就很大程度地影响了人事档案作用的发挥。因此可以说人事档案的转递工作是人事档案管理部门接收档案的一个主要途径,也是一项基础性的工作。

(一) 转递工作的基本要求

第一,安全人事档案转递过程中必须注意档案的安全,谨防丢失和泄密现象的发生。

转递人事档案，不允许用平信、挂号、包裹等公开邮寄方式，必须经过严格密封以机密件通过机要交通转递或由转出单位选择政治可靠的人员专门递送。人事档案一般不允许本人自己转递。凡是转出的档案要密封且加盖密封章，严格手续，健全制度，保证绝对安全。

第二，必须在确知有关人员新的主管或协管单位之后才能办理人事档案转递手续。依照县及相当于县以上的各级党组织、人事部门可以直接相互转递人事档案的规定，尽量直接把人事档案转递至某人的新的主管单位，不要转递给某人的主管或协管单位的上级机关或下级机关，更不能盲目转递。

第三，及时要求人事档案的转递应随着人员的调动而迅速地转递，避免档案与人员管理脱节和"无人有档""有档无人"现象的发生。《干部档案工作条例》规定："干部工作调动或职务变动后应及时将档案转给新的主管单位。"根据这一规定，人事档案部门发出调动和任免的通知时，应抄送给人事档案管理部门，以便及时将有关人员的档案转至新的主管部门；如果新的主管部门在这个人报到后仍未收到档案，应向其主管单位催要。

（二）转递工作的方式

人事档案转递工作的方式分为转入和转出两种。

1. 转入

转入是指某一人员在调到新的主管单位后，该单位的人事档案部门接收其原来单位转来或转送的人事档案材料，这是人员调动过程中一个不可缺少的环节。转入的手续一般规定为：

（1）审查转递人事档案材料通知单，看其转递理由是否充分，是否符合转递规定。

（2）审查档案材料是否本单位所管的干部或工人的，以防收入同名同姓之人的档案材料。

（3）审查清点档案的数量，看档案材料是否符合档案转递单开列的项目，是否符合转入要求，有无破损。

（4）经上述三个步骤后，确认无误，在转递人事档案材料通知单的回执上盖章，并将通知单退回寄出单位，同时将转进档案在登记簿上详细登记。

2. 转出

一个人将其人事档案转出的原因不外乎以下几种：此人转单位或跨系统调动；此人的职务或职位（包括提拔和免职、降职）发生变化；此人所在单位撤销或合并了，此人离退休以后易地安置；此人离职、退职或被开除公职；此人因犯罪而劳改，刑满释放后易地安置，或到其他单位工作；此人死亡；外单位要求转递；新近收到的不属于人事档案部门管理的档案材料；经鉴别应当退回形成单位重新加工或补办手续的材料。

转出的方式主要有两种，即零散转出和整批转出。零散转出即指日常工作中经常性的数量并不很大的人事档案材料的转出，这是转出的主要方式，一般通过机要交通来完成。整批转出是指向某个单位或部门同时转出大批人事档案材料，经过交接双方协商，一般由专人或专车取送。

转出的手续。对于零散转出的档案材料必须在转出材料登记簿上登记，注明转出时间、材料名称、数量、转出原因、机要交通发文号或请接收入签字；在档案底册上注销并且详细注明何时何原因转至何处，以及转递的发文号；填写转递人事档案通知单并按发文要求包装、密封，加盖密封章后寄出。对于整批转出的档案材料，其移交手续是：首先将人事档案材料全部取出，在转出材料登记簿上进行详细登记，并在底册上注明以后，还要编制移交收据，一式两份。收据上应当注明移交原因、移交时间、移交数量、移交单位和经办人等，收据后要附上移交清单，注明移交人姓名、职务、材料名称、数量等栏目，以备查考。

第二节　医院人事档案规范化管理

医院人事档案是医院的宝贵财富，在医院建设中起着不可替代的作用，为医院领导提供各类人才信息和用人依据，为医院人事分配制度改革、各类专业技术人员的职称评定和医院职工享受各类福利待遇提供依据，是医院人才开发的重要资源。为了使人事档案更好地服务医院管理和各项工作，必须加强医院人事档案的规范化、科学化管理。

一、人事档案规范化管理概述

（一）人事档案规范化管理的主要特征

人事档案规范化管理是指根据组织、人事、劳动等部门的现实要求，科学地、系统地、动态地管理人事档案，使人事档案发挥更大效能，更好地为社会主义现代化建设服务。科学地管理人事档案，就是按照人事档案形成的客观规律，在档案学理论和组织人事理论的指导下，通过建立人事档案管理的法规体系，对人事档案进行科学的组织和加工，保证人事档案的真实、完整、安全和实用，做到收集完整、鉴定准确、整理有序、保管安全、利用方便。系统地管理人事档案，就是按照人事档案的类别、形式、性质和特点进行分类和整合，保持人事档案内容和形式之间的内在联系，做到层次分明，项目清楚，结构合理，体系完整。动态地管理人事档案，就是采用电子计算机等高新技术和手段，形成人事档案的网络体系，积极开发人事档案信息资源，实现人事档案信息资源的共享。

由此可见，科学性、系统性、动态性是人事档案规范化管理的显著特征。

（二）人事档案规范化管理的目标分析

人事档案规范化管理是一项理论性和实践性都很强的活动，内容很丰富，任务很繁重，就其整体而言，其总的目标主要有以下五项：

第一，收集完整。人事档案材料的来源具有多维性、广泛性和分散性的特点，只有完整、全面地收集人事档案材料，才能使人事档案浓缩一个人的全貌，做到"档即其人"，才能为各级组织、人事、劳动等部门了解人、选拔人和使用人提供重要依据。因此，完整地收集人事档案材料，必须做到：明确收集归档的范围；制定收集工作制度；采用先进科学的收集方法，如整理前收集和整理后收集、内部收集和外部收集、纵向和横向收集、经常和突击收集等。

第二，鉴别准确。鉴别是保证人事档案真实、完整、精练、实用四者有机统一的重要手段，只有内容真实、准确和完整的人事档案，才能正确反映人员的经历和德才表现，才能为组织人事劳动等部门提供正确可靠的依据，保证党的组织人事路线方针政策的贯彻执行。为此，鉴别工作必须始终坚持去伪存真、取之有据、舍之有理，具体问题具体分析的原则，采用"看"（归档材料是否准确）、"辨"（辨别材料是否真实）、"查"（材料是否完整）、"筛"（保持材料精练）、"审"（手续是否完备）等方法，使归档的材料能客观、准确地反映人员的情况。

第三，整理有序。整理是对收集并经过鉴别的人事档案材料以个人为单位加工成卷的过程。其目的是使人事档案材料系统化、条理化、规范化。其总要求是分类准确，编排（归档）有序，目录清楚，装订整齐。重点是分类和编排（归类），它是人事档案整理工作的关键。分类和编排（归类）必须坚持性质判断、内容判断和同一标准判断的原则。

第四，保管安全。人事档案的保管工作，就是根据党和国家有关档案工作、保密工作的法规和制度，按照人事档案管理和利用的要求，对人事档案所实施的安全、保密、保护和科学存放的活动。安全、保密、有效保护是人事档案保管工作的核心和宗旨。因此，人

事档案的保管工作必须做到：①坚持集中统

一、分级管理的原则；②实行科学保管、确保工作质量；③坚持"六防"十

第五，利用方便。开发人事档案信息资源并有效提供利用，是人事档案管理活动的根本目的。只有提供利用，为组织、人事、劳动等部门服务，才能发挥人事档案的作用，产生社会效益和经济效益。同时，也可使人事档案工作质量得到检验和提高。人事档案提供利用是一项政策性、业务性很强的工作，必须坚持保密原则、需要原则、有效原则和客观原则。因此，除了提供人事档案原件外，还需要利用人事档案管理系统建立个人档案信息，编制专题信息资源，开展多种形式的主动服务、联机检索、信息推送服务等。

二、医院人事档案规范化管理的必要性

人事档案是医院发展、建设的重要无形资产。随着时代的不断发展，医院人事档案管理工作也显得愈来愈重要，逐步受到医院管理者的重视。当前，随着现代化、信息化的发展，医院人事档案管理工作的现代化更是刻不容缓。要使医院人事档案工作紧跟社会发展的步伐，适应新形势的发展，做好人事档案管理标准化、规范化，是实现医院人事档案工作现代化的关键环节，也是医院人事工作顺利运作的前提条件。

有了规范化管理，就能为医院的人力资源管理提供更完整、更真实的信息，而人事档案的完整性和真实性是人事档案价值的根本所在，如果人事档案出现缺失、错误、作假等问题，无疑会大大降低其原始凭证作用和内在价值。同时，规范有序的人事档案工作，可以使医院管理者方便快捷地查阅每位职工的人事档案，迅速了解每位职工的详细资料，能做到清晰明了，更好地对职工实施管理，在人事任免、职工晋升、薪资增减等方面将起到十分重要的作用。不仅如此，有序的人事档案工作，更便于发现人才、认识人才、培养人才，提高人力资源使用效率和使用价值，实现人力资源信息的共享，科学预测人力资源的需求，优化人力资源的合理配置，最大程度地发挥人力资源的作用。因此，加强医院人事档案规范化管理是医院人事档案工作质量与效率的有效保证。

三、医院人事档案规范化管理的加强举措

（一）增强宣传和组织领导，完善医院人事档案管理体制

医院要切实加强对人事档案工作的领导，确立由主管院长领导、档案室和各部门协调

配合的档案管理工作机制，切实把人事档案工作列入主管院长的议事日程和工作计划，作为医院发展的重要内容来抓。同时，医院档案部门应加大宣传力度，结合业务培训等，让各部门工作人员及职工基本掌握人事档案的组成成分及基本要素，让人们都能密切关注这个承载个人历史并与自身利益相关的记录载体，增强全员档案意识，保证医院人事档案工作规范化管理的顺利进行。

（二）构建完善的管理制度，规范医院人事档案管理

完善制度是进行规范化管理的基础。完善医院人事档案制度，可以增加医院人事档案管理的有序性，使医院人事档案管理工作有章可依，步入规范化发展轨道。医院应根据相关档案法规并结合自身人事档案管理工作的实际，制定出切实可行又便于操作的人事档案管理制度。如领导职责制度、人事档案人员岗位责任制、兼职档案员责任制以及人事档案整理归档制度、借阅保密制度、鉴定销毁制度、库房管理制度、档案安全制度等，以确保医院人事档案在接收、管理、查询、材料收集、审批、整理等环节中都有严格的制度可供遵循。同时，要加大执法检查力度，对人事档案管理中存在的违法、渎职事件应辅以法律手段进行严厉制裁，确保制度的严肃性。

（三）提升医院人事档案管理人员的综合素质

医院人事档案管理工作具有政策性、专业性以及技术性等特点，对档案管理人员的素质提出了很高的要求。要求相关工作人员能够遵守规章制度，不断强化自身的业务素质、道德修养，开阔自己的知识面和视野，提升自身的工作技能和策略水平，在充分利用现代化先进技术的情况下让人事档案管理可以更加规范化、高效化和科学化。为此，医院一方面要重视配备高素质的专职人事档案管理人员，一方面应当创造一定条件不断提高人事档案管理员业务素质，如：组织人事档案管理员到其他医院参观，互相学习，取长补短，交流经验，促进档案实践；组织参加人事档案管理业务培训和派遣专职人事档案人员外出进修学习或深造，了解人事档案管理工作的最新信息和管理手段，提高其专业素质，以保证医院人事档案规范化管理取得实效。

（四）注重医院人事档案管理的信息化建设

随着时代的发展，社会信息化程度越来越高，要求医院人事档案工作也实现信息化的管理。医院人事档案管理的信息化有利于医院人事档案管理规范化、现代化的建设，有效

发挥人事档案的信息功能。医院人事档案信息化管理的核心内容就是要利用计算机和信息网络技术对医院人事工作中产生的各类信息进行存储、加工、检索、传输，为人事工作提供及时高效的服务。这不仅有效地克服了档案材料滞后性造成的时效性失真，还减少了档案材料的收集、整理、归档等一系列手工环节，从而大大降低了发生错误的可能性，使档案信息的准确性、完整性得到进一步提高。为此，医院要加大对人事档案工作的资金投入，引进现代化档案管理设备，尽快促进医院人事档案管理由传统的手工工作方式向信息化转变。

第三节　医院人事档案信息化管理

一、人事档案信息化管理的基本理论

现代信息化环境下，如何利用信息技术管理人事档案已经成为人事档案管理部门工作的重要方面。党政公务员人事档案管理、事业单位干部档案管理、企业职工档案管理、高校师生档案管理、社会流动人员档案管理等各个领域和行业，业已开始信息化管理，且初见成效。实践证明，使用现代信息技术管理人事档案，不仅成为人事档案管理的重要手段，而且对于开发和利用人事档案信息有着重要作用。正因为如此，人事档案信息化管理已经成为人事档案管理工作的发展趋势。为此，了解信息化环境下人事档案馆信息化管理原则与技术，已经成为现代人事档案管理不可缺少的一个环节和内容。

（一）人事档案信息化管理的内涵阐释

理解信息化的内涵，首先需要理解"信息化"一词中的"化"字。"信息化"表现为一个过程。首届全国信息化工作会议上，"信息化"就被认为是一个"历史过程"，是指培育、发展以智能化工具为代表的新的生产力并使之造福于社会的历史过程。不仅如此，"信息化"还表现为一个动态发展的过程，正经历从低级到高级、从简单到复杂的发展。总体看来，信息化是在经济、科技和社会各个领域里广泛应用现代信息技术，科学规划和建设信息基础设施，有效地管理信息资源和提供信息服务，通过技术、管理和服务不断提高综合实力和竞争力的过程。

信息化这个动态的发展过程势必影响人们对其内涵的认识。经过国内外学者不断探

讨，尽管界定"信息化"的方法有多种，但无论如何界定，信息化的基本内涵主要体现在如下方面：

（1）信息网络体系，包括信息资源，各种信息系统，公用通信网络平台等。

（2）信息产业基础，包括信息科学技术研究与开发，信息装备制造，信息咨询服务等。

（3）社会运行环境，包括现代工农业、管理体制、政策法律、规章制度、文化教育、道德观念等生产关系与上层建筑。

（4）效用积累过程，包括劳动者素质，国家现代化水平，人民生活质量不断提高，精神文明和物质文明建设不断进步等。

信息化潮流影响到了档案部门。档案信息化起始于 20 世纪 70 年代末，从 80 年代早中期的计算机档案管理系统到 2000 年开始启动的数字档案馆，再到各种档案管理系统的建设，我国档案信息化建设取得的成绩喜人。尤其是，20 世纪末开始，国家档案局高度重视档案信息化，通过科技立项、研讨会等多种形式加强档案信息化建设的研究工作，大大推动了档案信息化建设的步伐，实际工作部门开始开发和应用档案信息管理系统，取得了较好的效益。

在档案信息化发展过程中，人事档案管理也开始了信息化的进程。在我国，到了 20 世纪 80 年代，随着计算机技术不断发展及其应用，人事档案的信息化管理提到了议事日程。此后至今，人事档案信息计算机管理的发展进程，大体经历了如下三个阶段：

第一阶段是单机检索。20 世纪 80 年代初到 90 年代，一些企、事业单位开始利用计算机管理本部门的职工信息，建立了一个个以单机为主要处理工具的人事档案信息检索系统，并取得了初步的管理成效和管理经验。在应用系统的开发中，大多采用 dBASE、BAS-IC、C、FOXPRO 等语言作为编程工具，由 DOS 操作系统支持。这一时期的应用特点是：人事档案信息录入数据简单，没有统一的标准格式；检索内容单一，数据处理能力有限。另外，由于各单位和部门所采用的开发软、硬件环境不尽相同，因此，应用软件的通用性不够广泛。尽管如此，单机管理系统开掘了我国人事档案信息计算机管理的先河，为全面推进人事档案信息管理软件的普及应用积累了许多宝贵经验。

第二阶段是 20 世纪末期，形成了单机与局域网相结合的管理系统。此间，人事档案信息管理系统作为企事业单位的计算机管理系统的一部分推出，并得到广泛的利用。系统开发主要有可视化开发工具 Visul Foxpro、Power Builder 和大型数据库管理系统 Oracle、Sybase、DB2、Informix 等，系统平台为 Windows、Unix、Linux，并建立了统一的数据格式标准和其他技术标准，使人事档案信息数据交换和管理软件共享成为现实。由于网络技术的推广，局域网技术开始应用于人事档案管理，推动了人事档案信息管理系统服务范围和服务水平的提高。此外，人事档案多媒体信息管理系统也得到了开发，丰富了人事档案管理的内容。

第三阶段是20世纪末至今。这一阶段，由于档案信息化的推动，人事档案管理信息化得到了进一步重视，各个机构和单位开始开发和应用人事档案信息管理系统管理人事档案，人事档案信息化走上了普及之路。从目前人事档案开发系统的应用来看，人事档案信息管理系统从单机版到网络版，从B/S模式到C/S或者B/S、C/S模式相结合的混合模式，从目录数据库建设到全文数据库建设，在人事档案管理信息系统的开放性、扩展性、集成性、人性化等方面取得了成功。但在人事档案信息服务的功能方面，尤其是如何利用Internet技术进行CA认证并提供远程化服务，仍需要做进一步的改进，在人事档案信息管理系统的共享方面仍然存在大量的工作。

从上述我国人事档案信息化的进程不难看到，人事档案信息化管理是随着国家信息化的发展而发展，它同样表现为一个动态的发展过程。30年来人事档案信息化实践表明，在不同时期，人们对于人事档案信息化具有不同的期待和目标，开发人事档案信息管理系统的结构和功能也不尽相同，这充分表明，人事档案信息化管理是一个从低级到高级的不断深化的发展过程。这个过程的出现，不仅与国家信息网络、信息技术应用水平、信息化人才、信息化政策有关，而且与人事档案管理部门的信息化意识、档案行业内计算机应用水平也有着直接的关联。考察近年来在国内应用得较为普及的人事档案信息管理系统不难发现，各种人事档案信息管理系统越来越符合当代人事档案信息化管理的需求，其功能也在实践过程中得到了完善，这不仅推动了现代企事业单位的人事工作进程，完善了人事管理制度，提高了管理效率，而且为科学配置人力资源发挥着巨大的作用。

总体看来，人事档案信息化是信息化的必然产物，它是根据人事档案管理的需求，在组织人事部门的统一规划和组织下，按照档案信息化的基本要求，在人事档案管理活动中全面应用现代信息技术，对人事档案信息资源进行科学管理和提供服务的过程。

（二）人事档案信息化管理的基本原则

"原则"是观察问题、处理问题的准绳。人事档案信息化管理原则是指人事档案信息化管理中必须遵守的标准和基本准则，是从人事档案信息化管理实践中提炼出来的。归纳起来，这些原则主要包括如下方面：

1. 实用性原则

实用性是指该人事档案信息化是为了解决实际问题，能够在实践中运用并且能够产生积极效果。具体说来，人事档案信息化的实用性既表现在个人方面，也表现在人事档案管理机构方面。

个人方面，考虑到人事档案的安全性，哪些档案资料需要上网，何时上网，如何控制服务平台的信息安全，都必须考虑到；考虑到人事档案的隐私权，在人事档案信息化过程中，对于该保密的档案必须保密，尊重和保障人事当事人是隐私权；考虑到人事档案的重要性，对于每个人的信息必须做到准确无误；考虑到人事档案的知情权，信息化的人事档案需要向当事人开放。

机构方面，考虑到人事档案信息化尤其是系统设计的难度，人事档案信息系统设计过程时既要利用 IT 行业的人才和技术，也需要本行业的积极参与；考虑到本单位的财力与技术基础，人事档案信息化需要量力而行，分步骤实施，将人事档案信息化建设看作是一个长期的过程，逐步建设，持续发展；考虑到人事档案建设的相似性，人事档案管理信息化过程中可以采取合作开发或引进方式，避免走弯路和重复建设。

当然，人事档案信息化必须在实用性的原则上，以科学性为本，结合先进性、前瞻性，不仅将信息化看成是一项长期而艰巨的任务，而且需要实施可持续发展的政策，将人事档案信息化建设成为一项重要的人才信息管理平台。

2. 规范性原则

规范性是指人事档案信息化建设所确立的行为标准，以规范当代人事档案信息化行为，指导当代人事档案信息化实践。

以《全国组织干部人事管理信息系统》《信息结构体系》为例，它是为实现干部信息的规范化及全国范围内的信息共享，按照人员管理及机构管理中科学的信息流程制定的，不仅具有较高的标准化、规范化程度，而且具有总揽全局的权威性。因此，各省开发的系统必须建立在该系统要求的《信息结构体系》基础上，否则会造成数据结构混乱，使上下级数据无法沟通与共享。不仅是信息结构体系，系统所涉及的其他应用项目也应当建立在相关的标准之上。

信息化过程中，必然涉及文本、图片等电子文件的格式问题。以文本格式为例，有.txt、.doc、.rtf、.pdf、.html、.xml 等多种，按照有关规范，存档的文本格式为.xml、.rtf、.txt 三种形式，为此，其他格式的文本格式需要进行转化。事实上，文本文件、图像文件、扫描文件、声音文件等的采集与管理都应该遵循《电子文件归档与电子档案管理规范》

（GB/T 18894-2016）所规定的格式，以减少转换与重新制作的难度，这也是人事档案信息化规范性的必然要求。

3. 安全性原则

人事档案安全性是为了防止将人事档案信息泄露给无关用户，给用户信息造成不良影响从而采取的安全措施。

为了保证人事档案信息的安全性，在人事档案信息化过程中，需要加强对人事档案方面的电子文件的管理，并通过技术手段（如每个人的档案设置一个适度长度的个人密码），以达到保密的目的。

为了保证人事档案信息的安全性，还必须确保网络的安全性。提倡人事档案的开放性并不意味着完全的、无条件地开放人事档案信息，相反，开放是有条件的、有步骤的，这是保证网络化环境人事档案安全性的必然选择。为此，一旦条件成熟，能够建立人事档案专网则是保证人事档案安全的最好选择。在当前条件不允许建立专网的情况下，必须做到人事档案信息管理系统与互联网等公共信息网实行物理隔离的措施，涉密档案信息不得存储在与公共信息网相连的信息设备上，更不能存储在公共信息网的网络存储器上。

4. 开放性原则

开放是人事档案信息化管理必须遵守的一条重要原则。建立人事档案信息管理系统，在很大程度上是为了科学管理和优质服务，这决定了人事档案信息开放的必然性。

长期以来，由于传统的人事档案管理的惯性，人们习惯性地认为人事档案属于保密的内容，除了负责收集和保管人事档案的管理者能接触到人事档案外，个人不可能知道自己的档案里有什么样的材料。显然，在当代条件下，人事劳动关系日益从行政隶属关系转变为平等的契约关系，人事档案的保管权、评价权、处置权也逐渐从完全交给用人单位到用人单位与个人共同管理的局面。这种情况下，人事档案的神秘面纱逐渐揭开。人事档案作为当事人个人经历和德、能、勤、绩的客观记录，也逐渐变得公开、透明，信息开放已经成为时代的必然趋势。

需要看到，人事档案开放性也是尊重当事人知情权的必然，既包括能直接识别本人的个人信息资料，如肖像、姓名、身份证等，又包括与其他资料相结合才能识别本人的间接信息资料，如职业、收入、学历、奖惩等。有时候，人事档案管理中知情权与管理的要求存在着冲突，这要求档案管理单位与个人能够正确地处理。对于档案管理单位而言，不能过分强调保密，需要树立人事档案开放意识，只有在一定范围内开放档案，满足公民知情权的需要，才能促进档案的完整、真实和透明。对个人而言，知情也是有限的，不可能享有无限的知情权，这是维护组织机构的利益，只有保障和其他有关人员权益，才能保障人事工作的正常开展。

需要注意的是，人事档案的开放并不意味着人事档案信息对所有人开放。人事档案信息开放是有程度和范围限制的。现阶段，人事档案管理部门适当地向当事人开放一些个人信息还是有必要的。

通过人事档案管理信息服务平台实现人事档案远程化查找和利用，既保证当事人对档案的知情权，也便于当事人利用档案，是人事档案开放的必然趋势。

5. 双轨制原则

人事档案信息化过程中，由于电子文件的法律地位和证据作用还没有被普遍地认定，因此，具有重要保存价值的人事档案电子文件（尤其是办公自动化过程中的人事档案方面的、具有永久保存价值的电子文件）必须转化成纸质文件进行归档，以保证其法律地位。

对于重要的人事档案电子公文，鉴于当代电子信息载体的不稳定性，同一内容的人事档案电子公文往往需要采取两种不同质地存储介质进行存储，且采取异地保存的方法，这是保证人事档案文件长期存取的重要方法。

（三）人事档案信息化管理的任务分析

结合当前我国人事档案信息化管理的现状，人事档案信息化管理的任务主要包括如下方面：

第一，人事档案管理信息系统的建立和完善。有些机构和单位采用独立的人事档案管理信息系统，有些单位采取综合性的管理信息系统，例如人力资源管理信息系统，或者将党政干部管理、职工管理、财产管理等结合为一体，形成了不同的人事档案管理信息系统建设风格。采取独立的或者综合性的管理信息系统，应视各个单位的情况而定，关键在于设计该系统或者该部分功能时需要考虑到人事档案管理信息化建设的基本原则，并且在软件或系统设计过程中体现出这些基本原则。

针对国前人事档案系统开发缺乏统一协调的局面，某类人事档案管理部门，或者若干人事档案管理部门联合起来，与 IT 行业合作，集中开发一套人事档案管理软件，并不断优化和推广，这不仅能够降低重复开发的费用，而且有利于行业标准的执行，有利于数据的交换，减少今后数据异构带来的管理问题，对于推动人事档案管理信息化能起到积极的作用。

第二，人事档案管理信息系统数据的录入与管理。对于人事档案基本信息进行系统录人，对于人事档案文件进行系统管理，尤其是归档的电子化的人事档案进行系统整理，这是人事档案管理的基础工作。

人事档案信息系统的管理内容很多。现阶段，尤其是抓紧电子文件的收集和数字化的人事档案的系统整理，加强人事档案资源建设，建立领导干部数据库、职工数据库和特色数据库，全面建设全文数据库与目录数据库，为人事档案管理和利用提供基础。

还应该看到，人事档案信息系统作为证明个人身份与经历的权威的信息数据库，需要与市场经济条件下的个人信用体系联系起来。进入公共信用体系的档案，应以凭证部分和职业生涯、职业能力和信用记录为主要内容。从这个角度看，人事档案管理信息系统的任务之一，是和社会广泛范围内管理信息系统进行有效的衔接，从而为和谐社会的建设和发展服务。

第三，人事档案管理信息系统的维护。人事档案信息系统建设过程中，从设计、管理到维护的各个阶段都需要注意到人事档案信息安全，将人事档案信息安全保障体系作为人事档案信息化贯彻始终的关键环节，加强维护人事档案信息安全，尤其是网络信息安全。

二、医院人事档案信息化管理的主要内容

医院人事档案信息化，主要是通过现代信息技术的应用，对医院的人事档案开展收集整理、分类管理、检索利用等。在人工智能技术、大数据技术、云计算技术等现代信息技术的加持下，医院人事档案信息化管理有了技术支撑，提升了医院人事档案管理质量与效率。

总体来看，医院人事档案信息化管理主要包含了档案管理信息化、档案资源数字化、档案服务网络化、档案检索自动化等四个方面的内容。

第一，医院人事档案管理信息化。从发展历程来看，医院人事档案信息化首先体现为档案管理手段的信息化。现代信息技术在医院人事档案管理领域的应用与发展，是推进信息化的重要过程。医院在开展人事档案管理过程中应用合理合适的人事档案管理系统软件，对人事档案资源进行收集存储、分类管理、开发利用等，从而在人事档案管理全环节中应用信息化技术。

第二，医院人事档案资源数字化。档案资源数字化，就是对传统的纸质档案资料进行数据化采集。医院人事档案信息化的关键环节是要把档案信息数字化，通过现代信息技术的应用，把纸质人事档案中承载的信息资源数字化，建立人事档案管理系统数据库，借助于现代信息技术开展人事档案信息管理，这是医院人事档案信息化的基础。因此，医院人

事档案信息化的起点，是要把纸质人事档案信息转化成为数字化信息，并利用各类信息手段将其转换成文本、图表、音频和视频等文件格式。

第三，医院人事档案服务网络化。随着现代信息技术的推广应用，医院人事档案信息传输实现了网络化。在各个医院内网上整理形成的各类人事档案信息，主要通过 OA 办公系统进行档案资料的审核、鉴定、传输、存档，提升了医院人事档案管理效率。医院人事档案信息化，通过人事档案现代信息技术的应用，更好地发挥人事档案资料在医疗卫生管理体制改革中的作用。不同人员根据不同权限，通过医院人事档案信息库自助查询、筛选和统计人事档案信息资源，从而为医院人事管理提供决策辅助信息。

第四，医院人事档案检索自动化。医院人事档案传统管理中，检索人事档案信息主要通过卡片检索等人工操作方式，然后再到库房中调取人事档案信息，其档案查询利用的方式效率低。在实施人事档案信息化以后，通

过现代信息技术的应用，查询利用人员可以通过人事档案信息系统提交查询关键词，快速自动检索，无论是检索效率还是检索准确率都大大提高。

三、医院人事档案信息化管理的现实状况

随着现代信息技术在医院人事档案管理中的应用越来越广泛，其在医院人事档案管理中发挥着越来越重要的作用。医院人事档案信息化管理，还存在着以下几个方面的问题：

第一，人事档案信息化管理意识薄弱。在医院档案管理中，人事档案信息化建设是重要环节和重要内容。借助于现代信息技术，医院在病历档案管理方面已经基本实现了信息化，特别是在医院挂号、缴费和查询等方面，电子化成为医院病历档案管理的基本要求，大大促进了医院业务活动的开展，为医院和患者节省了时间成本。但是相比较业务部门，医院人事管理方面的信息化管理手段未能全面实施，信息化程度还有待于进一步提升。医院部分领导和人事档案管理人员未能充分认识到信息化管理在人事档案工作中的重要性，从而导致医院人事档案管理信息化建设进度较为滞后。之所以产生以上问题，主要是由医院人事档案管理体制等历史因素造成的。由于医院是社会公共卫生事业单位，其单位性质必须要以公益性为主，医疗科室发展与投入是其关注重点，从而在有限的资源配置上，重点向承担医疗服务的科室倾斜，但是在档案信息化建设方面则重视不足，在财力相对充裕的情况下就多投入一点，在资金相对缺乏的时候就投入就少点，从而导致对医院人事档案信息化管理重视程度不足，一定程度上影响了医院人事档案信息化建设的步伐。

第二，人事档案信息化建设投入不足。在医院档案信息化管理中，人事档案信息化是

重要内容，而医院人事档案信息化建设需要相应的人力、物力与财力支持。例如在启动医院人事档案信息化建设阶段，就需要投入相应的资金开展档案智能库房的硬件设施建设和软件设备配置，而且医院人事档案信息化管理系统配套软件及后续更新服务，以及相应的数据库维护等，都需要持续投入相应资金，在单位领导重视程度不够的情况下，可能会导致资金投入不足的问题。基于医院人事档案信息化建设全过程考虑，在推进信息化建设过程中必须要配有专业的档案信息化管理人员，才能有序推进此项工作。但医院现有的专业档案信息化管理人才配备不足，影响了医院人事档案信息化建设工作的推进。

第三，人事档案信息资源利用受限制。由于医院人事档案信息涉及个人隐私内容较多，所以其管理具有较高保密要求，特别是对于非共享性的内容，更是需要采取封闭式管理，也对医院人事档案信息化工作推进产生较大影响。要对医院员工人事档案进行深度信息挖掘，才能更好地掌握人员基本信息和工作表现，但医院人事档案核心信息的缺失，增加了医院人事档案信息化建设难度。总之，医院人事档案信息化虽然可以为档案利用人员提供高效档案服务，也能够提高医院人事档案管理的效率，但人事档案固有的保密性和安全性要求，对医院人事档案信息化提出了更高要求，如何更加有效地处理两者之间的关系，则需要展开深入探讨。

第四，医院人事档案信息化建设规划不足。当前，一些医院虽然开始了人事档案信息化建设探索工作，但是由于缺乏相应的标准，在进行系统设计过程中基本上都采用档案管理基本模块，缺乏对医院人事档案管理需求的调查和实际分析，从而导致医院人事档案信息部分模块脱离实际，在一定程度上影响到医院人事档案信息价值与作用的发挥。部分医院人事档案信息系统缺乏规划，导致系统结构框架不合理，无法全面体现医院人事档案管理实际情况，甚至有的医院开展人事档案信息建设缺乏前期研究和有效理论支持。总之，医院人事档案信息化管理作为一项综合性较强的管理工作，同样也是一项内容十分繁杂的信息化工程项目，需要分步分阶段实施，要做好项目实施规划，确保医院人事档案信息化建设过程与规划目标相符合，最终使医院人事档案管理更富有成效。

四、医院人事档案信息化管理的优化路径

（一）强化对医院人事档案信息化管理重要性的认识

推进和实现医院人事档案信息化管理，首先必须得到医院领导、医院职工的认可与支持。因此，必须在推进医院人事档案信息化建设之前，提高医院领导对人事档案信息化管

理重要性的认知，为此项工作的顺利推进获取更多的人力、物力与财力等资源支持。

第一，要在医院内部组织和开展各类人事档案信息化管理培训，或者组织医院领导、员工、档案管理人员参加外部参观学习和考察，通过"比学赶超"活动增强医院领导对人事档案信息化管理的认知。

第二，要在医院人事档案信息化管理推进过程中，引导医院人事档案管理人员主动参与其中。医院人事档案信息化建设的主要目标是要对医院人事档案信息进行动态更新和完善，否则可能对人事档案信息的利用产生不利影响。为了切实提高医院人事档案信息化资源的整体效益发挥，就必须保障医院人事档案信息数据得到及时更新，要更好地发挥医院人事档案管理人员的工作积极性，主动补充、更新和完善医院人事档案信息库相关数据。

（二）对医院人事档案信息化建设资源配置进行优化

医院人事档案信息化建设资源配置涉及人才队伍建设、软件和硬件设施配置、相关建设资金投入等三个方面。

第一，要在医院年度经费预算中，把医院人事档案信息化建设资金纳入专项，把医院人事档案信息化工作纳入医院年度工作重点之列，为其配备专项工作资金，为医院人事档案信息化工作提供充足资金保障。

第二，要对医院人事档案信息化建设重点软硬件设施加强投入，根据档案信息化建设要求，为此项工作配置专用的硬件设备，如除尘设备、温度和湿度控制系统、智能库房管理设备等，同样也包含了相应软件设施，如图像处理软件、人事档案管理软件、数据库存储设备等。

第三，加强医院人事档案信息化建设专业人才队伍建设。要充分认识到专业人才在医院人事档案信息化建设中的重要性，加强专业档案信息化管理人员的引进和培养，通过相应的人才评价体系和人才激励机制建设，更好地激发医院档案管理人员的工作积极性。同时也要加强对医院人事档案管理人员的政治素养和业务素养的培养，提高他们的档案信息保密意识，鼓励和引导他们自主学习人事档案管理知识，特别是人事档案信息化管理技能。

（三）加强对医院人事档案信息的动态管理

网络是现代信息社会人们获取信息的重要渠道，从而成为人们日常学习、生活与工作中的必备工具，而且随着现代网络技术的不断发展与广泛应用，人们通过网络随时随地获取各类信息。因此，在推进人事档案信息化建设过程中，医院要紧随现代信息技术发展趋势，推动各项工作可持续发展。

加强医院人事档案信息的动态管理，主要从以下三个方面加以应对：

第一，对医院人事档案信息平台开展动态管理和动态建设，特别是对平台功能不断进行完善，根据医院人事档案管理需要，动态开发和引入人事档案管理系统，同时还要完善人事档案管理系统中的分类、检索、分析、统计、编目等多个功能，与医院人事档案智慧化管理目标相匹配、相适应，不断提高医院人事档案信息化管理水平。

第二，强化医院人事档案信息化平台中的信息动态更新。由于医院人事档案信息在不断更新，特别是人员异动调整、职务调整、职称评定、奖励处罚和工资调整等，都随时有变化，必须要对员工的人事档案信息进行及时补充，确保入库的人事档案信息真实完整。

第三，要根据医院人员变动情况，及时做好人员变动的档案资料更新工作，特别是对于人员流出、流入等调动情况，及时调整人员档案信息，确保人事档案更好地服务于业务工作。

第四节　PDCA 理论与医院人事档案管理

医院人事档案，是对医院职工的基本信息、学习经历、工作经历、思想素质水平、道德素质水平、工作能力及业绩水平等多种信息进行整理的档案，其能直接反映医院员工的整体水平。但目前传统的医院人事档案管理工作效率低下，工作质量不佳，难以适应当下时代的发展。针对医院人事档案管理，应充分利用 PDCA 质量理论，优化医院人事管理流程。

一、PDCA 理论的基本认识

对于大多数医疗机构而言，往往不会在人事档案管理方面投入过多资源，导致其人事档案管理效率低下，因此亟需对当前人事档案管理进行改革。而 PDCA 理论是由美国学者戴明提出，是管理学的重要模型，具体而言是将质量管理分为计划（P）、执行（D）、检查（C）及处理（A）四个阶段，然后从中找出问题的原因，并据此提升相应的改善措施。PDCA 理论具有一定的循环性及发展性的特点，能有效提升企业管理效率，因此 PDCA 理论被应用于多个领域。

PDCA 理论分为计划、执行、检查及处理四个阶段，能够应用于各个领域，具体而言需要管理的目标及思路，再利用此理论部署周密的计划，然后再进行工作部署；接着需要对计划实施的具体情况进行详细的检查，做好工作效果评估，对其中所存在的问题进行确认；最后，对医院人事档案管理中现有的问题做出改进，完成计划修订环节，从而使管理效率得以提升。将其应用在医院人事档案管理中时，要对医院人事档案管理的目标进行首要确定，针对目标制定具体的管理计划，并制定高效的人事档案管理执行制度，最终使得医院人事档案管理效率有所提升。

二、PDCA 理论在医院人事档案管理中的应用

（一）计划（P）阶段

PDCA 理论的计划环节，具体而言是需要制定完善的医院人事档案计划。而计划的制定，需要遵循 5WH 原则，即为什么制定此计划，制定为了达成何种目标，想要在哪里执行，具体由谁负责，在什么时间内完成，此计划的达成路径等。因此完善的认识档案管理计划，需要包含人事档案管理计划制定的原因、目标、地点、负责人、时间及达成方法等，从而彰显出所制定的人事管理计划的可行性。在制定医院人事档案管理计划时，第一步要做的，就是对目前医院人事档案管理计划已有的问题仔细剖析，然后就此提出相应的改善措施。比如，发现当前阶段医院人事档案管理存在上级领导重视程度不足、相关人员专业素养缺乏、管理机制不健全等问题，据此提出针对性的方案。就医院人事档案管理重视程度不足的问题，可通过建立人事档案管理工作小组的措施，从而对其所面临的种种问题进行整改；就医院档案相关人员专业素养缺乏问题，可以加大培训力度，完善人事档案管理基础设施，从而有效提升人事档案管理人员的专业素养及职业责任感；就相关机制不健全的问题，可完善人事档案管理的流程，加强医院人事档案管理部门与其他部门的协作力度等。

（二）执行（D）阶段

PDCA 理论的执行阶段至关重要，其决定着相关改革能否成功。就医院人事档案管理来说，在计划执行阶段，需建立专职的人事档案管理工作小组，明确人事档案管理流程及制度，使得人事档案管理的工作有序进行。就管理中已存在的问题，可安排专业的负责人去管理，从而保证相关工作的顺利推进。同时，为了更好地解决医院人事档案管理中的问

题，必须完善相应的培训制度，大力开展相关培训工作，保证医院人事档案管理人员具备较高的专业素养，保证相关人员能积极按照流程进行人事档案的管理工作。此外，还需要建立完善的归档管理制度，及时发现人事档案管理不规范及材料不全的问题，并进行责任追究，保证人事档案的完整性，保证人事档案管理工作的规范开展。为提高人事档案管理工作人员的积极度，还应建立完善的考核机制，并将考核的结果与薪酬机制、晋升机制以及奖惩机制结合为一体，提升人事档案管理人员的工作热情，保证人事档案管理的相关计划有效落实。

（三）检查（C）阶段

医院人事档案管理制度改革的效果，与其改革过程中的检查环节息息相关，而检查环节是 PDCA 理论的重要内容之一。因此应对医院人事档案计划执行效果进行定期的检查，确保计划执行的进度。在检查阶段，如果发现存在着信息不一致及不规范等问题，应做好相关记录，并对其成因进行仔细剖析，制定可行的改进策略。结合医院人事档案管理实践工作，在检查过程中所发现的问题成因主要是档案管理人员工作态度不认真，致使人事档案未能及时入档，人事档案填写错误，人事档案分类不明等。因此在检查阶段，应改善人事档案管理的硬件设备，健全档案管理人员的培训机制，完善人事档案管理的相关制度，对于所存在的问题进行及时的汇总，并督促相关工作人员予以改善。同时应注重改革效果评价，将人事管理档案改革所取得的成果与预定成果进行对比，以此确保相关计划的落实情况。

（四）行动（A）阶段

PDCA 理论的行动阶段，其主要的目的是分析检查环节，针对具体情形提出相应的改善措施。因此在结束一个阶段的人事档案管理工作之后，需要对这一阶段的完成目标与既定目标进行对比分析，确认最终执行结果是否完成，确认既定目标是否存在过高的情况，同时确认相关的执行措施是否存在问题。如果存在问题，需要对所存在的各类问题（如信息缺失、信息错误、信息遗漏等）进行有效分析，并探究其原因，制定完善的改善对策，保证医院人事档案管理后续工作的有效进行。根据人事档案管理制度的改革实践来看，所存在问题的解决方案一般与这几个方面息息相关，如建立符合医院运行的人事档案管理制度及工作程序，做好相关档案管理人员分配，确保管理人员工作量与人力配置的相协调，加强人事档案管理人员的培训工作等，因此应从这几个方面循环改进，使人事档案管理问题得到最终解决。

现阶段，由于医院对人事档案管理工作的不够重视，使得医院人事档案管理存在着重大问题，如医院缺乏较完善的人事档案管理机制、医院人事档案管理人员专业素养不高等问题的出现，使得医院人事档案管理整体效率不高，以至于不能够满足日渐复杂的医院人事档案管理工作。因而，医院人事档案管理工作亟需得到改善，将 PDCA 理论应用于医院人事档案管理，从而有助于提升整体档案管理效率，使医院人事档案工作顺利进行。

第五节　医院人事档案管理的提高策略

人才作为医院发展中最为重要的资源，做好医院人力资源管理工作能够充分激发出医务人员的工作积极性与热情，并且让医务人员能够更好地服务于患者，从而提高医院的口碑与市场竞争能力。医院人事档案管理作为人力资源管理的基础工作，如何提高人事档案在医院管理中的重视程度是当前最为重要的工作。

一、提高档案管理人员的专业水平与责任意识

根据当前医院管理工作现状，若是强行将医院管理资源倾向于人事档案管理工作，不仅无法提高人事档案管理水平，还容易造成医院管理水平的失衡。因此在合理范围内加强人事档案管理资源，提高档案管理人员的专业素养与能力就是现阶段医院管理发展中的重要任务。有部分医院由于自身竞争力不强、经营范围小，因此忽视了人事档案管理的重要性，导致医院在档案管理上存在重要的问题。但是专门设立相应的档案管理部门又会过度挤压医院现有资源，面对这种情况就需要考虑如何在不对医院现有资源造成影响的基础上来提高人事档案管理人员的专业能力。

对于资源条件并不优异的医院来说，可以对档案管理工作人员进行短期的培训，通过在专门的档案培训机构进行学习，既能够节约医院的资源，还能够有效提高档案管理人员的专业技能。除此之外，还需要有意识地培养档案管理人员的服务意识。医院人事档案管理人员的业务水平与其服务意识也有着一定的关联。人事档案管理是一项内容繁多、琐碎的工作，许多档案管理人员在进行档案处理的时候存在许多问题，若是无法细心、主动发现档案中存在的问题，很容易误导医院的人事决策。因此，需要全面提高医院人事档案管理人员的专业水平与服务意识，让他们能够在日常工作中积极、主动的收集人事档案中的

信息。

在新形势下若是想提高医院的管理效率，就需要提高内部的人事档案管理水平，因此对档案管理人才的专业素养水平与责任意识有着较高的要求。医院在发展过程中需要注重培养档案管理人员的敬业精神，并且引导、激励他们积极学习现代化的人事档案管理知识和技能。医院需要定期组织人事档案管理人员参与到相关的业务培训中，从而提高其档案管理技术水平。或是可以通过岗位竞争的方式，构建相应的考核机制，将优秀的档案管理专业人才选拔到人事档案管理岗位上。与此同时医院还需要建立相应的档案管理人才培养计划，通过激励机制来提高人事档案管理人员的工作积极性，加强人事档案管理人才队伍的建设工作。提高医院人事档案管理水平、组建专业的人事档案管理人才队伍对于医院的可持续、稳定发展都有着重要的作用。

二、加强医院人事档案的管理力度

首先，要对医院人事档案进行合理的分析，与病案档案相关联。人事档案管理在医院档案管理中有着重要的作用，但是在以往的档案管理过程中，往往会重视对病案档案的利用，却忽视了人事档案对医院发展的作用。将两者进行结合运用能够将人事档案整理之后再录入到同一个档案管理系统中。这样在对病案档案进行调用的时候，可以根据人事档案的相关资料进行综合分析，从而更快获取到想要的信息数据。除此之外，人事档案还可以跟医院的其他档案资料进行综合管理，以特色化的分类方式来将人事档案的作用充分发挥出来。

其次，是要做好医院人事档案管理的优化配置，并全面提高医院档案管理的数字化水平。医院需要顺应时代发展的趋势，加强在信息技术方面的投入，并将信息化建设当作是医院日常管理工作。目前多数医院已经全面推动了自身的信息化建设，信息化系统也在医院中得到了广泛的应用。因此医院的人事档案管理工作也需要进行信息化的改革，对人事档案进行数字化的处理，并优化数字化设备的配置，提高医院人事档案管理的质量与水平。增加资金投入、优化资源配置。传统的计算机设备已经无法满足当下人事档案信息化的管理水平，只有加强对信息化设备的资金投入程度，加快医院人事档案信息管理系统的建设进度，并且推动人事档案的收集整理、利用等工作逐渐朝规范化发展，全面提高医院人事档案管理的质量。人事档案管理工作作为医院人力资源发展的重要环节，必须要由传统的纸质化档案转变为数字化档案，从而节约管理成本，利用有限的空间和资源，将人事档案资源的作用发挥到最大，这样才能够为医院的可持续发展奠定良好的基础。

最后，是简化医院人事档案管理程序，通过构建专门的信息数据库，来对程序进行简化管理。将一些传统的人工管理流程由信息化档案管理程序所取代。建立规范的数据库来对医院人事档案信息进行管理，能够在规范的管理制度下，将人事档案整理工作通过信息系统来完成，这样既能够减少医院人力资源的支出，还能够避免出现因主观意识过强或其他人为因素而造成人事档案资料出现误差的情况。在构建数据资料库的时候需要根据医院的特色来进行，结合医院的诊疗重心来建立专业的数据资源库，将医院的发展特色与医务人员的特长相结合，从而充分发挥医务人员的专长。

三、注重医院人事档案的内容与质量

首先，医院人事档案的内容是需要多样化的，在对医院人事档案内容进行收集的过程中，档案管理人员需要注重资料收集的多元化，尽可能丰富人事档案的展现形式。可以将医务人员的个人典型事例、科研成果、优秀案例等均收录到个人人事档案之中，既丰富了人事档案的内容，还为医务人员树立了更加立体的形象。在对人事档案进行利用的时候也能够对医务人员的工作情况进行更加客观的评价。注重人事档案的内容和质量可以从人事档案的表现形式为切入点，在传统的人事档案管理工作中，主要是以纸质文件来记录人事资料，但随着科技的发展与进步，信息逐渐变得数字化，在进行人事档案管理的期间，不能只关注纸质档案的收集工作，还需要对图片、视频等资料进行收集。若是在条件允许的情况下还可以适当收录一些医务人员的值班工作视频，这样能够更充分体现出人事档案的客观性，也能够在一定程度上减少医患纠纷的发生概率。

其次，是在医院长期发展过程中，并没有意识到人事档案的作用，导致医院的人力资源开发工作也开展得十分缓慢。针对这种情况医院管理层需要转变自身的管理观念，充分认识到人事档案管理工作对医院发展的服务性，并将人事档案的利用纳入人力资源开发计划中，对人才的引进、晋升、薪资福利等方面挂钩。这样能够让档案管理人员重视对人事档案的利用情况。另外，还需要加强对医院人事档案的管理工作，避免出现档案资料造假、档案遭到损毁的现象。虽然现阶段医院的人事档案管理工作还存在着一些问题，但是随着科技的进步与医院管理理念的更新，人事档案管理的重视程度会不断得到提升。

四、加强医院人事档案动态管理机制

在提高医院人事档案管理水平的过程中，需要建立人事档案的动态管理机制，要求档案管理人员能够定期收集并更新人事档案信息。对于医院工作人员的业务能力、学习成果、工作完成情况、考核情况等进行详细的了解并及时更新录入资料，这样才能够为医院人才的录用、晋升等提供真实的信息，还能够在一定程度上调动医务人员的工作积极性，从而推动医院各项工作的顺利开展。随着市场经济的快速发展，医院之间的竞争也逐渐激烈起来，对人力资源的管理水平在一定程度上能够体现出医院的竞争力与管理水平。因此需要加强对医院人事档案管理工作的重视程度，积极创新管理工作理念，提高人事档案管理水平，进一步为医院的可持续发展提供助力。

五、构建完善的人事档案管理规章制度

为了全面提高医院人事档案管理水平，需要建立完善的管理制度，从而实现规范化的人事档案管理模式。基于此，医院需要借鉴国内外医院管理的制度，并结合自身医院的发展情况来制订完善的人事档案管理制度。其中包含了人事档案的送交归档、人事档案资料的补充和搜集、查阅等制度，让医院人事档案管理制度步入正轨，并进行规范化的管理，这样才能够有效保证医院人事档案的安全性与机密性。除此之外还需要建立档案资料认证制度，以这样的方式来避免出现档案内容填写不真实的情况发生，为医务人员的档案内容提供真实的依据。并且在对人事档案进行归档的时候，核查资料内容的真实性，对内容的合法性进行鉴别，在确认无误之后再归纳到医务人员的个人档案之中，从而全面保障医院人事档案材料的真实性与有效性，在提高医院人事档案管理水平的同时也为医院的可持续发展奠定良好的基础。

第五章 医院档案管理的现代化创新

第一节 医院档案管理现代化的意义

"医院档案管理现代化就是指利用现代化科学手段和方法进行档案管理，提高档案管理的质量和档案管理工作的效率，以适应新时代对医院档案管理工作的要求。[①]"

第一，为医院提供工作发展动力。医院档案对于医院来说是一笔非常重要的资产，是医院发展过程中不断积累的资源，加强档案管理工作可以推动医院精神建设，将档案管理工作渗透于医院的各项医疗活动中，促进医院整体管理水平不断提升，实现可持续发展。医院档案是医院工作人员不断积累的智力资源，对其有效利用，使其在各项科研和实践工作中发挥重要作用，可以调动医院工作人员的积极性和创造性，推动档案管理现代化，有效促进医院管理朝着科学、高效、现代化的方向发展。

第二，促进医院科研发展。医院档案如实地记录了某些疾病的成因、症状和治疗过程，为后续类似或相关疾病的治疗提供科学的依据。这些数据能够帮助科研工作者掌握疾病的本质，记录疾病以及准确抓住疾病的规律，医疗档案中对于疾病及患者的真实记录便于医院工作人员了解过去事实及对当前的疾病治疗方案提供参考。这些记录通过数据、表格、影像、图片及视频的呈现方式为医院工作人员提供原始素材，反映出真实的医疗、科研、教学信息，对于医院工作人员诊疗水平的提高具有重要意义。另外，对于整个医疗行业，这些档案资料具有总结过去，把握现在，开创未来的积极作用，能够有效促进整个医疗行业的发展。

第三，推动医院发展战略的实施。医院档案中的医疗卫生档案真实反映出了医疗卫生建设和发展概况，并为之后的医疗卫生建设方向提供参考。医疗卫生档案是医院高水平高技术的重要条件，因此医院管理者在制定长久发展战略时，必须参考医疗卫生档案提出医

---

① 赵鲁琦：《加强医院档案管理现代化建设》，载《兰台世界》2006年第12期，第40页。

院发展的依据，从而为后续的医疗卫生档案资料和信息支持提供保障，促进医院长久可持续发展战略的制定。

第二节　医院档案精细化管理运用

在医院发展管理过程中，档案管理作为医院发展的重要组成部分有着重要作用，对于医院整体素质的提高，使医院能够立足根本实现长远发展具有重要作用。但实际上，医院档案管理形式并未随着时代的前进而创新，依然存在着管理效率低下等问题，导致宝贵的档案资源经常损耗，无法充分利用档案资源。将精细化管理运用到档案管理中既能提高医院档案管理的质量和效率，又能使医院管理更加规范和统一，这对于医院的长远发展具有积极影响。

一、医院档案精细化管理的意义

第一，提高医疗服务水平。精细化管理方式能够简化管理流程，提高管理效率，为医院的运转提供参考依据，能够在一定程度上优化医院的医疗服务水平。精细化管理在档案管理中尤其适用，通过精细化档案分析能够使医疗服务更加规范和完善，建立起一整套医患档案管理体系，更有效地让理论和实践相结合，促进档案管理的科学性。

第二，消除医患矛盾。当前，医患纠纷几乎成为医院常态，而造成医患纠纷的主要原因是医院服务不到位、医疗能力不足、效率慢和档案管理错漏百出，由此造成的误解加大了医院纠纷事件的产生，医院名誉和医生声誉受到严重影响。以医院档案管理为例，在档案管理中存在的主要问题是患者信息更新慢、档案不规范、医疗数据管理出错等。如果使用精细化档案管理模式，就能够使上述问题得以解决，就能够减少医闹事件。

第三，提升档案价值。新医改政策丰富了人事信息，增加了档案管理的压力。优秀理念的引入促进了各环节的有序发展，精细化管理使人事档案与医院员工有直接联系。如果档案出现造假或者信息录入错误等问题，将会对医院的人事管理造成影响，不利于医院员工的管理。但是，如果引入精细化管理理念，这一现状就能够得到有效改善，就能够深入档案"内部"细化档案管理细节，确保个人信息的准确性和完整性，促进档案价值的开发，并与人才管理和医院选择紧密相连。

二、医院档案精细化管理的基本理念

精细管理的概念最早由日本产业公司提出。它们致力于组织发展，通过有效而准确地组织各组织之间的相关活动，并支持各业务单元之间的联系，可确保不同单元之间的有效连接，提高行政效率。公司将组织管理体系视为一种融入企业各方面的管理文化，努力在现代管理中完善工作与服务质量的社会分离。另外，管理者也把精细化管理作为一种管理方法，使相关产品和服务的细节能适应顾客，以顾客满意为宗旨，开拓市场，实现更高的经济效益。

第一，目标管理。要科学合理地计算目标、明确目标，从实际出发，层层分解，纵横结合，形成一套科学合理、目标明确的管理体系。

第二，过程规范。每个人执行的特定管理活动叫作过程。从组织运行的角度对各岗位工作步骤和标准提出要求，仔细梳理人员与部门之间的流程联系。

第三，促进职业培训。医院管理者应做到人员培训全覆盖，严格规定培训内容和要求，建立完善的培训机制，根据员工的工作习惯和技能，逐字逐句地修改操作规程。

第四，考核约束。考核约束是对档案管理人员的一种约束，是改善档案管理现状的主要手段。现如今，档案管理方法和管理理论层出不穷，有很多方法的适用性极强，能够有效应用于档案管理中，如 EVA 评估考核、平衡计分卡、360 度评估考核等。虽然考核方法很多，但是在具体实践中相关人员不能盲目使用，应该结合医院实际在原有考评机制的基础上，进一步完善和落实。除此之外，应该完善医院的薪酬管理体系，提高档案管理人员的幸福感和满足感，同时还要注重制度体系建设的公平公正性，只有这样才能提高医院管理水平，进而为提高医院的档案管理水平奠定基础。

第五，文化建设。无论是企业还是医院，都要有良好的文化支撑。文化是企业和员工进行交流的桥梁，营造浓厚的文化氛围能够让档案管理人员提高归属感和责任感，员工能按照既定程序和流程高质量地完成各项工作，完善整个公司的组织生态，使组织运作更合理。

三、医院档案精细管理的应用措施

第一，提高管理意识，明确档案建设目标。①明确档案建设方向；②要把管理责任落实到全体员工；③在实施目标管理系统的同时，调动所有员工的积极性。规范管理促进档案工作有序开展，促进医院持续发展。

第二，完善管理制度，促进制度精细健全。档案管理系统以"精细管理"为背景，落实档案管理任务，包括人事档案、文件、医疗技术等，实现岗位与绩效的职责，使档案工作人员明确职责目标，充分把握工作条件，然后根据职位不同、管理任务不同进行分工。

第三，创新管理方式，加强档案人才培养。①良好的文件整理和档案管理。按照不同的内容精心创建、分类、存档，经过主管部门的批准、标准化存档，再将部分档案信息上传到平台。②将医患纠纷纳入档案管理。考虑到医患纠纷的普遍存在，医院可将其纳入档案管理，进行广义和狭义的分类。广义是指诊疗过程中的隐私权和医院责任；狭义是指在诊断和治疗过程中发生的医患之间的分歧事件。这些事件应纳入档案管理，记录事件的时间、原因、过程和结果。③提高整体管理质量。档案工作者应通过良好的培训提高其技能和素质，在选才上遵循人才优先原则，加强对基础知识和实践水平的评价，使各项指标达到人才要求。依据医院档案管理要求对员工法律知识和综合素质进行考核，做好档案管理的培训和进修工作，定期开展基本管理技能、信息技能等培训活动。

第四，引入大数据技术，提高信息化水平。档案管理要引进信息技术，以用户为核心，通过认证登录用户的身份实现对文件信息的获取和使用，减少传统纸质档案的破坏，保证医院档案的高度保护，从而在一定程度上保护医院档案。比如个人资料网上查询、医院制剂、中医名医、病人的电子病历、临床病例资料的收集和使用等。

第五，推动档案管理信息化建设的全面发展。将信息技术应用于医院的档案管理工作中，运用信息技术对互联网环境下的人事资料进行管理，可以使事业单位的查询更加方便。通过不同技术手段，科学、高效地将不同数据输入系统，使个人信息传递具有及时、准确的特点，但在录入信息时要注意保密，这样既能方便管理人员查询员工信息，又能有效提高医院档案管理效率。

第六，积极建设一支专业的管理人才队伍。专业技术水平直接影响整个档案管理工作的质量，档案管理人员是医院档案管理工作的领导者和实践者，为此，医院要不断提高档案管理人员的专业素质和管理能力，使其在工作中独当一面，为实现医院的全面发展做出贡献。医院要提高档案工作者的录用门槛，优先培养档案工作者，使其能够将科学的管理理念和经验应用于实际工作，促进档案管理专业化水平的显著提高。①强化档案管理队伍建设。医院档案中涉及个人隐私信息很多，这就要求档案管理人员要有良好的职业素养，不能随意透露患者、员工的个人信息，要注意分类，对管理人员要严格选拔，加强组织建设；②通过广播录像、人才交流、专家讲授先进的管理理念及科学的管理方法等方式，提高医院档案管理人员的技术水平，使他们更好地参与竞争。

第七，规范医院档案管理工作流程。人才档案的完整性是对资料进行科学管理的基本标准之一。应以此为依据，规范医院档案管理工作流程，严格按照标准办事。①认真收集有效的人事档案。年度考核、干部任用、干部认定等信息要按规定及时收集、整理、归档，以确保个人资料完整。②做好选人用人。归档人员要认真考虑档案资料的时间、真伪，确定档案材料是否属于员工所有，并办理相关手续。若存在缺失，应及时登记、收集、完善。③做好人事档案的整理。档案存档的基本原则是资料分类、页数、编号、复印文件目录、装订、著录索引等。④做好员工档案的移交。首先，填写身份证件；其次，记录送交时间和送交单位；最后，填写转移证件《通知单》，确认无误后在转交单上签字盖章，完成送交。

第八，创新档案管理模式。重点在于提高服务质量和档案管理水平，更新档案工作观念和类型，扩大工作范围，充分重视档案工作，夯实基础。①改变档案管理观念。档案工作要转变观念，加强与医疗、科教、质检部等档案部门的沟通，使生成的文件既能满足单位用户的需求，又能满足医院档案的要求，创造出真实、完整、安全可靠的优质档案。严格按照存档区域和标准进行存档，确保档案资料的完整和存档质量。②引进智能管理系统提高档案精细化管理。根据医院自身条件引进文件安全监控系统，采用系统实时定位技术，将电子标签插入文件单元，实现医院档案信息的实时定位；在检索文件时，可以快速查找文件，能够记住不在存储库内外的文件单元；管理员可以在系统中查看和授权。③建立完善的档案管理系统。健全的档案管理体系是规范、有序的，医院档案管理制度把精细化理念融入每个环节，结合档案法律法规和实际情况建立系统、完整的档案管理体系，将精细管理延伸到医疗机构档案工作的各个领域，实现"处处行政，事事行政"的目标。在医院档案管理系统中运用精细化管理理念，使之规范化、制度化，有效提高医院档案管理效率。④完善档案管理标准。归档工作标准化管理是按照不同的标准进行的，传统的文件管理有不同的标准，标准是完整、准确的，对于档案人员要有明确的、符合标准化管理的工作要求。

第九，提高人事档案的真实性和完整性。有效人才信息的收集与存储是有效管理个人数据的基础，是个人数据管理的重要内容。因此，我们必须不断提高个人资料的真实性与完整性，有效提高个人资料管理的效用与价值，了解员工的培训及工作经验，不断改善对个人资料的实际管理，并解决欺诈及资料失真问题。另外，档案管理者要提高个人资料管理的有效性，通过不同渠道收集员工个人资料，在一定程度上保证档案的真实性。这样才能提高工作效率，为医院档案管理顺利实施提供可靠的依据。

第三节 医院党建工作档案管理模式创新

一、提升基层党组织的档案管理意识

第一，要加强档案管理意识的培养。不断提高基层党组织队伍成员的政治站位和政治责任感，深刻认识到档案管理对党建工作的重要意义，积极主动地开展党建档案管理工作，及时完整地保留、收集党建相关档案。

第二，落实"一岗双责"。医院基层党组织书记多为科室的负责人兼任，通过开展定期轮训、集中培训，不断加强党支部书记党建工作的业务培养，发挥好党支部书记的示范带头作用，提高对做好党建日常工作记录的书写、整理和存档意识，不断提升党建工作档案管理的能力和水平。

二、提高党务工作者的档案管理水平与业务能力

党务工作与档案管理是两个不同的专业岗位，医院党建工作的档案形成和归档通常是由党务部门工作人员来完成的。医院要在建立健全党建工作档案管理制度的同时，着力提高党建档案管理人员的整体水平，积极与档案行政管理部门加强沟通协调，保证管理的规范、标准符合上级的统一要求，也可通过交流学习、现场教学、专题培训等多种方式，加强对党建档案管理的专门业务指导，不断提升党务人员的档案管理专业技术水平，从而提高医院党建工作档案管理的整体水平。

三、加强医院党建工作档案管理的信息化建设

随着医院信息化的发展，逐步实现电子病历、院内 OA 系统、信息检索查询等，网络信息化已经渗透到医院运营的各个方面。医院的党建工作必须紧跟时代步伐、更新工作观念、提高管理效率，目前单一的档案管理模式已不能满足实际工作的需要，档案信息化建设将为党建工作的创新和实践提供新的方法和途径。

第一，相较于传统纸质档案来讲，要实现党建档案的信息化管理，则须引进专业的数字化设备、多部门协作、信息化人才的培养等。借助党建档案信息化技术的应用，使党建工作成果记录和展示形式更加多元化。

第二，党建工作档案具有政治性、专业性、特殊性强等特点，对于档案信息安全要求比一般的档案资料更高。信息化的发展为党建工作提供了更广泛、更丰富的档案信息资源，在推进党建信息化建设时，应采用适用于党建档案管理的软件系统，并从应用安全、系统安全、网络安全、物理安全等方面进行严格的管控，从而为党建档案管理工作提供可持续发展的安全、有力保障。

第三，在政策规定和保密制度允许的前提下，加快增量文件电子化、存量档案数字化步伐，大力丰富馆藏信息资源，依托数字档案馆、政务网等终端，拓展党建档案资料的服务范围，为提高党建档案的利用提供便利。

四、将党建档案工作纳入标准化支部建设

支部工作资料的收集整理在党建工作档案管理中是极为重要的基础环节，资料的真实性、完整性、有效性是档案利用价值的关键。医院党委根据基层党组织建设的规范要求，结合医院党建工作实际，对党建档案制定相应的管理标准，规范党建档案的记录、梳理、存档的细则，不断提高医院党建档案的格式化、标准化。

第一，要明确党建工作档案收集和归档的范围、种类，同时不断丰富档案内容，将党建工作中形成的文件资料、照片影像等及时收集整理，确保有保存价值的档案及时得到管理，防止党建档案资源流失。

第二，要制定党建工作档案管理规范，将组织建设、组织生活、党员管理、考核评价等党建工作中产生的各种形式的资料信息进行归纳整理并留档保存，同时建立工作台账、进行科学分类、明确专人负责，以实事求是的态度，使档案资料成为加强基层党组织建设、动态反映基层党建工作水平、客观记录基层党组织活动轨迹的重要载体。

第三，要加强考核机制，将党建档案工作纳入基层党建工作同步进行考核，进一步完善和发挥制度的约束、规范作用，更好地实现党建工作档案的有效收集和科学管理。

第四节　医院文书档案管理创新的有效途径

"医院文书档案在发展建设过程当中形成，真实记录发展轨迹，能够反映医院基础设施建设、人力资源管理、财务管理以及业务素质改进等方面的措施与制度，对总结经验并

吸取教训，从而推动医院的稳定发展有不容忽视的现实价值。①" 医院在开展各项管理及各种临床研讨会的过程中，都需要通过文字方式记录一系列内容，这些临床研究记录、科研实践、重要文件等内容共同组成了医院文书档案，医院文书档案管理对于医院内部顺利运行有直接关系，甚至对于整个医院的安全性产生一定程度的影响。因此，医院一定要高度重视文书档案管理工作，还要做到在现代化背景下积极创新医院文书档案管理工作，保证医院文书档案管理效果。

一、文书档案管理意识的创新

理念决定行动，理念决定成果。为了能够真正做到创新医院文书档案管理工作，首先要做到从理念着手。在此基础上，医院应加强各部门工作人员医院文书档案管理创新意识，特别是医院文书档案管理工作人员，使医院所有工作人员都能够充分重视其管理工作，都能够积极配合开展医院文书档案管理工作。值得注意的是，在此过程中还应充分重视加强对医院文书档案管理人员的思想教育，使其工作理念得以创新，进而确保各种创新管理工作手段以及工作形式等得以有效落实，使医院文书档案管理水平获得有效提升。为了达到以上目的，医院可以充分借鉴国内外先进的医院文书档案管理经验，促使医院文书档案管理人员的管理意识得以创新，并且还要注意在此过程中融入第三方审核方式，以此保证医院文书档案管理工作获得全面的监督管理。不仅如此，在实际工作开展中还要严格落实奖惩制度，在提升医院文书档案管理人员工作积极主动性的同时，避免出现徇私枉法行为，确保医院文书档案管理工作得以优化。

二、文书档案管理机制的创新

落实开展管理机制是保证医院文书档案管理工作顺利开展的基础条件，为了能够确保医院文书档案管理机制得以创新，医院一定要充分重视，积极吸取各行业、各国家在医院文书档案管理工作方面所取得的先进经验、管理技术及管理方法等，在此基础上根据医院文书档案管理工作的实际情况以及需求，有效利用其先进的管理经验，一定要制定出符合自身的医院文书档案管理机制规章制度，保证医院文书档案管理工作有章可循，明确工作方向。除此之外，还须积极引入先进的医院文书档案管理技术及管理理念等，构建更加完善、科学、合理的医院文书档案管理信息系统，保证医院文书档案管理工作符合当今社会

对档案管理工作所提出的要求。不仅如此，还要重视医院文书档案管理工作的权责制度，将权责落实在具体的工作人员身上，保证在开展医院文书档案管理工作过程中，如果出现问题能够做到有人承担责任，这也是开展医院文书档案管理工作最为基本的管理需求。

三、文书档案管理队伍的创新

医院文书档案管理人员是开展医院文书档案管理工作的基础，是主体，对于医院文书档案管理工作质量以及工作效率有着直接影响。因此，想要真正实现医院文书档案管理的创新，需要从医院文书档案管理队伍着手，真正达到创新目标，使档案管理创新充分发挥作用。与此同时，还能够使医院文书档案管理工作的整体安全性得到保障。在此基础上，医院要构建具体、高效的激励措施以及培训教育体系。首先，要开展思想政治教育，保证医院文书档案管理人员具备更加科学严谨的工作态度，树立良好的工作意识，促使医院文书档案管理人员充分重视档案管理工作；其次，应加强培养医院文书档案管理人员的信息技术能力，保证其能够科学、合理、有效地运用信息技术来开展医院文书档案管理工作；最后，医院要积极组织工作人员开展沟通交流，共同分享工作成果和经验，共同探讨在实际管理工作过程中出现的问题，积极探索科学、合理的有效解决措施，促使医院文书档案管理工作效率有效提升。

四、文书档案管理模式的创新

医院文书档案管理创新是现今医院文书档案管理工作开展的重点，特别是随着网络技术、信息技术等各种先进技术的发展，各种先进的技术形式已经逐渐深入医院文书档案管理工作中，对医院文书档案管理工作的开展有着至关重要的现实意义，更是保证医院文书档案管理安全性的关键所在。因此，在实际开展医院文书档案管理工作的过程中，医院应对管理平台加以不断更新，如果当前的管理平台不能够满足医院对于档案管理工作的实际需求，那么就要积极引进先进的技术形式。值得注意的是，医院应当重视引入自主规划模块，以此构建分支的管理平台，确保不同类型的医院文书档案能够实现具有针对性的管理工作。

医院文书档案重要性程度各不相同，应当将其划分在不同等级当中，并设置不同的权限等级，保证为后期医院文书档案的查找、调用工作奠定良好基础。对于最为重要的医院文书档案，只有医院内部的最高级别部门能够使用，以此类推，在开展医院文书档案管理工作过程中分级越是明确，那么其管理工作就更具有针对性。此外，在针对积极运用信息技术加强医院文书档案管理模式的创新过程中，一定要充分重视安全技术的运用。信息技术存在非常强的开放性，只有建立在安全技术的支持作用之下，才能够保证医院文书档案的安全，才能够避免医院文书档案出现被恶意篡改、黑客入侵等问题发生。因此，先进安全技术的运用对于医院文书档案管理工作来说十分重要。

五、文书档案管理制度的创新

医院要想实现文书档案管理工作的有序开展，就必须创新文书档案管理制度，对文书档案管理的工作流程进行规范。医院要在综合考虑自身发展的实际情况的基础上，有针对性地进行文书档案管理制度的创新，做好细节工作的相关规定，使工作人员在进行文书档案管理的过程中能够有所依据，能够为医院文书档案管理的创新工作奠定坚实的基础。第一，医院要做好文书档案立卷制度的创新，要求档案管理人员严格按照年限对医院文书进行归档，并与实际的档案管理情况进行有机结合，从而完成文书档案的分类管理，为文书档案使用者查阅并使用档案资源提供更加便利的条件；第二，对于医院里已经没有保存价值的文书档案，工作人员要积极创新档案销毁制度，在销毁制度的指导下进行销毁，保证医院文书档案的管理工作具备科学性与全面性；第三，医院还要加强对文书档案借阅制度的创新，重新明确文书档案借阅的具体操作流程，同时在制度中还要进一步规定违反借阅条款后相应的处罚措施，从而提升医院文书档案的安全性与完整性，进而增强文书档案管理工作的实效性。

第六章　大数据助推医院电子档案管理

第一节　大数据与医院电子档案概述

一、大数据的基本认识

大数据一词来源于英文单词"Big Data"的中文翻译，是指数据量大、具有复杂的信息属性，要通过新的工具才能处理的海量数据，随着新的数据处理技术的诞生，人类进入了新的时代——大数据时代。其中，关于大数据的定义最为核心的问题就是如何将大数据挖掘出大数据的核心价值。大数据既可以是形容词也可以是名词，既可以描述大数据时代的数据特点也可以体现数据的研究对象，要深刻理解大数据技术是与大数据产生的时代背景分不开的。因此，大数据是高科技技术发展的产物，是移动互联技术和智能移动终端设备发展的产物，具有数据规模庞大、容量巨大、种类繁多、运用快捷、价值巨大等特点的数据计算和运用系统。

大数据作为一个现象，它不是一项技术。大数据特征可以概括为4V：海量的数据规模（volumes）、快速的数据流转和动态的数据体系（velocity）、多样的数据类型（variety）和巨大的数据价值（value）。

大数据具备四个主要特征，即种类（Variety）多、容量（Volume）大、速度（Velocity）快及价值（Value）高（图6-1）。

第一，大量化（Volumes）。人类进入信息社会以后，数据以自然方式增长，其产生不以人的意志为转移。随着移动互联网的快速发展，人们已经可以随时随地、随心所欲发布包括博客、微博、微信等在内的各种信息。以后，随着物联网的推广和普及，各种传感器和摄像头将遍布人们工作和生活的各个角落，这些设备每时每刻都在自动产生大量数据。综上所述，人类社会正经历第二次"数据爆炸"（如果把印刷在纸上的文字和图形也看作数据的话，那么人类历史上第一次"数据爆炸"发生在造纸术和印刷术发明的时期）。各种数据产生速度之快，产生数量之大，已经远远超出人类可以控制的范围，"数据爆炸"成为大数据时代的鲜明特征。

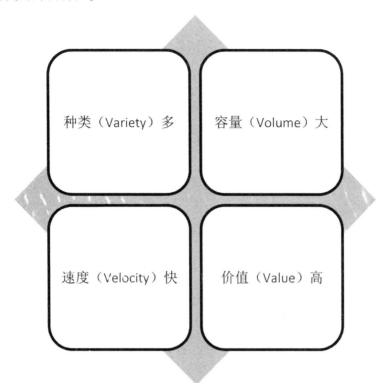

图 6-1　大数据的主要特征

第二，多样化（Variety）。多样化是指海量的数据种类以及种类繁多的数据间的关联性。随着新媒介载体的不断涌现，产生的数据不仅仅只有文本信息，声音、图片、视频等在数据总量上占的比例逐渐增长，数据源的多样化使大数据变为多样化。同时，数据的个性化趋势随之增强。通过分析海量的数据，可以预测事情发生的可能性。

第三，快速化（Velocity）。快速化是指数据的处理速度能够快速的满足人们对数据信息的需求。随着手机广播、移动电视、触摸媒体等新媒体的产生后，尤其是互联网的产生，信息的产生与信息的传播趋于同步。通过有线和无线网络实现了人和人、人和机器、机器和机器的连接，微博、微信等微传播媒介的出现实现了新鲜快讯的生产与传播，体现了数据信息传播和交换的快速化。

第四，价值高（Value）。价值是指通过综合分析、处理数据，寻找大数据的最终意义。大数据是小数据的集合，价值很高。虽然价值很高但需要我们筛选、挖掘并发现海量信息的真实性。

二、电子档案与医院电子档案

（一）电子档案

伴随着信息化时代的来临，档案的制作与管理也步入了电子化的时代，电子档案顺应历史潮流应运而生。我们所说的电子档案，是指在电脑硬盘中进行存储，以数字化进行存放的文字、图片、影像等资料。宋春燕在《电子档案的特点及管理要求》中指出：电子档案是档案工作中的新事物，具有传统纸质档案不具备的优点，能极大限度地提高工作效率。因此，档案管理者应顺应时代发展的潮流，正确积极地认识电子档案的特点，加强对电子档案管理的研究，使人类社会原始历史记录在信息时代得以真实、完整、可靠的保管。

1. 电子档案的特征

电子档案作为一种数字化的文件与纸质档案相比具有明显的个性特征。

第一，电子档案具备可复制的属性，传统的纸质类的档案，档案本身就是原件，而电子档案由于其数字化的属性，使其具备了可以不断复制的特点，这也是电子档案与传统的纸质类档案的本质区别之一。

第二，电子档案具备操作方便的特点，在电子档案的制作过程中，对文字等进行增减、修改、删除等都非常方便，并且不会留下修改的痕迹，这就使得档案制作之后的页面非常的整洁，并且很容易制定统一的制作标准，方便在使用时对其进行检索。

第三，电子档案有着对电脑的需求性的特点，电子档案的制作和存储以及调用都需要依赖计算机平台来完成。

第四，电子档案方便实现档案资源的共享，用户可以依照权限迅速调取电子档案，所以在归档、整理、分类中的工作量就会大量减少，一份档案可以在不同的地点，不同的计算机，由不同的用户在同一时间调取使用，大大提高了工作效率。

第五，电子档案具有传输的便捷性，通过网络等途径，电子档案非常迅速且安全的传递给需要调取的人，在这些方面，要比传统的纸质档案便捷很多。

第六，电子档案对存储空间可以说进行了革命性的变革，节约了大量的空间，这点和纸质档案相比起来也是有着显著的区别的。

2. 电子档案的新要求

电子档案作为一种新型的档案类型，对档案的管理者也提出了新的要求：

第一，档案制作管理者需要转变自己的工作习惯以及思维模式，并且要认识到电子档案作为新型的档案类型的重要性以及便捷性。尽快摆脱用纸质档案管理为根本的旧的工作习惯，树立以电子档案为基础的新时代档案管理的观念。

第二，电子档案的制作和管理者要保证电子档案的质量，在信息的安全性、标准化、真实性等方面做好自己的工作。纸质文件具有原始性的特性，保存起来也很可靠，而电子文件不一样，即使完好的磁盘，由于外部条件的变化，也可能造成信息的无法读取。电子档案都是以某种计算机编码的形式保存下来的，随着计算机技术的不断发展，新型的编码不断产生，这对旧的编码形式的读取问题也可能造成一定的威胁。

第三，档案的工作人员在保证电子档案的原始性方面的工作十分重要，电子档案相对于纸质档案来说更容易在保管的过程中被修改，并且不容易被人发现，这就对档案的保管者提出了新的技术方面的要求。

第四，档案的管理者需要建立对电子档案进行集中统一的管理体系。由于文字、图片、影像等不同的文件都具有不同的存储类型，所以如果没有一个行之有效的集中统一管理，会造成大量数据的混乱存放，给文件的调取工作造成很大的困难。

（二）医院电子档案管理

医院的日常工作会产生大量的电子档案，也有大量的电子档案需要被调用，电子档案在实际的医疗工作中有着重要的作用，电子档案使用成本低，信息量大，检索方便快捷，传输速度快，这些优点极大地方便了用户，同时也给医院的档案工作者提出了新的课题。电子档案具有灵活方便、经济环保、便于共享等优点，但是由于它的特殊性，电子档案的整理和保护就显得特别重要。

近年来，各家医院在信息化建设中都不断加大投入的力度，像 HIS 系统（医院信息系统）、电子病历病案系统、OA 办公自动化系统等电子信息技术在医院的日常工作中迅速得到应用，网络办公、计算机办公已经普及，大量的电子文件在医院的日常工作中产生，医院的电子档案也随着信息化建设的进程而产生，这给医院的档案管理工作带来了新的动力。档案工作者应该站在用户的角度，坚持以用户为工作的中心点，建立为客户提供更加方便快捷、高品质的档案服务的工作指导思想。高品质的服务不仅要真实、有效地做好电子档案的制作和存储工作，还要不断优化信息的存储流程与调取流程，提高在档案使用中的用户体验。不断完善电子档案的管理体制，优化电子档案的服务平台，改进电子档案的服务流程。

目前，全国各大医院都在探索和建立电子医务系统，这也要求电子档案制作的工作必须不断改进完善。电子医务要求医院各部门之间对于核心医务实现电子化办公以及网络化的传输，并且在各主要医务部门之间利用网络实现资源共享和搭建实时的通信系统，在医院各部门、各科室和公众之间也要建立好可以进行信息发布的双向沟通平台。

医院电子档案的建设必须依靠网络技术和信息技术，并且和医院的信息化基础建设密不可分，电子档案的科学化构成是电子医务发展的必备的基础条件。医院的主体是由医务部门和行政职能科室构成，对不同工种的科室进行标准化的电子档案制作与管理也是有效的开展电子档案工作的必备条件。医院的电子档案建设不能只是把之前的纸质文档搬到电脑中，而是要根据各部门的特点进行分类整理，从而达到提高工作效率的目的。

第二节 大数据时代医院电子档案的重要性

随着时代的发展，国民对于医疗卫生提出的要求也在逐渐提升，传统的档案管理模式已经不能满足电子档案的需求，且电子档案管理中也存在诸多问题，亟待解决。医院电子档案管理在大数据建设中是重要组成部分，是实施健康战略、深化医改及推动全民与健康医疗的重要保障。

第一，为临床的诊疗提供有力的帮助作用。在医学领域，现在普遍存在过度治疗和治疗不足两种状况，这两种状况都将给患者的治疗带来消极的影响。即使对于同一个病人的同一种病症来说，在不同的医疗机构的治疗中，都会采用不同的治疗及护理的方案，在这些不同的方案的治疗下，患者的治疗效果和所花费的费用也是截然不同的，所以一种行之有效的标准化的治疗方案对于科学诊疗来说的重要性不言而喻。在大数据时代，在充足的电子档案的基础之上利用计算机系统可以对患者的体征数据、治疗效果数据、治疗花销的数据进行系统的分析，这样的分析结果可以帮助医生在临床诊疗的过程中使用对于患者来说最实际也最有效果的方案。这样也就能很大程度上避免做出过度医疗和治疗不足带来的负面效应。通过对已有电子档案的有效分析和患者对于症状的描述，在任何一个医疗机构中，电脑系统都可以即时提供几种可行的治疗方案。这些治疗的方案为临床医生提供了很好的理论依据，同时极大地提高了诊疗的安全性，对于降低平均住院日、减少患者的诊疗费用都有非常实际的作用。

第二，为医院的内部数据分析提供数据基础。电子档案除了在临床医疗的过程中发挥重要的作用，在医院内部数据分析中的作用也是不可小视的。从前大量的纸质文件产生的报表，使得医院很难获得准确有效的内部运行数据，但是在大数据时代，通过对电子文档的规范化制作，可以很快地分析出某项结果。同时对于全局运行结果的统计和分析也更加的全面。在这些分析结果的基础上，医院可以很方便地做出自我的运行评价，从而提高医院的服务质量并且有效地控制医院运行成本。这种做法改变了过去对于单一案例的长期跟踪的分析方法，大大提高了结果的准确性，减少了很多随机性。通过对医院日常运行产生数据和临床诊疗情况数据的调取、自动归档、安全存储，实现医院对于科室的运行提出合理有效的指导性方案，为领导的决策、医院发展方向的制定提供了有力的科学化的数据保障。

第三，提高医学实验的效率。大量的医疗电子档案还有一个重要的作用就是对病症可以进行分析，同时和医疗实验室的实验数据进行对比，从而得出相关性的结论。这种结论可以大大提高医疗科研的集成化，为新的技术转化为生产力提供更快的理论依据条件。这种结论不会受到人为观念的影响，可以说是真实地发自于数据内部的理论依据。这对帮助患者更早更及时地采取必要而有效的治疗方案有很大的作用。

第四，加快新药问世，同时降低药品风险。在药品被研制出来之后到可以临床使用必须要经过漫长的实验过程，而多地点不同时间的实验结果在统计上存在着很大的风险，很容易由于人为的原因造成数据的不准确，这种不准确对于实验结果来说可以说是致命的。电子文档统一格式的报表结果正是对于这一风险的有效规避方式。这将大大加快新药的面世时间。同时对于有些存在风险的新药也有了很有效的防范措施。

第五，提供个性化的诊疗服务。个性化医疗也是目前的热点问题，在科学合理的诊疗方案的基础上，由于病人个体情况的不同，效果往往也是各异的，针对不同的患者采用个性化的治疗，可以帮助患者更快地痊愈。比如，早期发现和治疗可以显著降低肺癌给医疗卫生系统造成的负担，因为早期的手术费用只是后期治疗费用的一半。

大数据的使用对于公共健康的监控来说也是一把利器，国家卫生部门可以通过全国医院的电子病历系统快速汇总数据，分析出可能发生或者已经发生的疫情，从而在第一时间进行预防工作。这将给社会带来诸多的好处，减少医疗的费用，降低发生传染病的风险，有助于人们创造更加美好的生活。

第三节　大数据时代医院电子档案管理的开展

一、医院电子档案管理理念的创新

医院要不断创新档案管理理念，让全体人员能够认识到档案管理的价值与意义。同时，档案管理人员除了要及时整理数据信息外，还要将其纳入医院电子档案管理系统中，为其他医护人员提供便捷化的查询与利用服务。因此，档案管理者要认识到自身工作的重要性，增强自身大数据管理意识，提升自我技能水平，才能开展出高质量的工作。

二、加强基础设施与人才队伍建设

优化医院电子档案管理需要结合大数据技术，升级管理的机制并加强信息基础建设和人才的建设。大数据档案管理技术涉及诸多复杂的工程，涵盖着许多技术性的问题，例如互联网、计算机硬件、信息发布与规范、数据处理与安全问题等。因此，在大数据背景下的电子档案管理离不开专业人才的支持和完善化的基础设施。基于此，在进行开展电子档案管理时，除了要加强电子档案硬件与软件的投入力度外，还要加强人才队伍的建设，让电子档案管理能够具有更加专业化的色彩，更好地为医院电子档案管理而服务。而要想让队伍更加专业，医院要加强对档案管理人员的培训，定期展开培训工作，以此来促进档案管理人员专业技能与知识的提升，更好地投入到档案管理工作中。还要加强引进高水平的计算机人才与档案管理人员，才能更好地提升电子档案管理质量与效率。另外，医院还要完善人才队伍的建设，增强绩效考核和奖惩制度的实施，以此来促进工作人员积极地投入其中，促进医院电子档案管理的持续发展。

三、注重电子档案的安全管理

随着科学技术的发展下，电子档案管理的存储容量在不断地增强，稳定性也得到有效提升，但是长期使用下仍然存在着诸多的风险。因此，可以借助大数据技术和云计算技术来对电子档案管理实施存储，可以采用分布式多方存储的形式来确保档案管理的安全，减少丢失与毁损的安全。例如，可以以几种方式为主：利用光盘式的存储，将档案刻录到光盘中，能够延长保存的时间，且存储的价格也比较便宜；可以采用硬盘式的存储方法，此种形式的读写速度快，容量也比较大，能够为高质量的文档提供充实的保证依据；还可以采取网盘式的储存，将电子档案存储于网盘上，只需密码与账号就能实现跨越"时空"的登录，达到共享档案的目的，较为便捷与安全；最后，还可以采用备份的形式，将电子档案备份于医疗档案中。

其次，要强化档案信息的安全保障，在管理中购买专门的安全软件来确保电子档案管理的安全，定期进行软件升级与维护，并对提供档案服务与查询的客户端，也要提供相应的保护，从而确保网络的安全。同时，医院要借助大数据技术来保证信息的完整性，对档案管理中的信息进行深入地挖掘，并在日常管理中做好备份工作，以此来确保电子档案管理信息的安全性。

四、建立科学合理的电子档案管理制度

大数据下的医院电子档案管理工作要建立起科学合理的档案管理制度，以此来确保档案工作具有规范性与专业化。因此，医院要打造严格的管理制度，让档案管理的效率与质量得以提升，为医院各类工作的顺利展开提供数据支撑，从而让管理人员能够明确地认识到自身的工作职责，有效地减少工作中出现的失误。例如，医院在制定档案管理制度时，可以结合医院电子档案管理的实际情况，有针对性地制定制度，以此来确保工作的顺利展开。还可以在各个科室当中安排相应的管理人员，让各科室的人员能在完成自身工作的同时，协助档案管理人员展开相应的工作，促进电子档案管理效率的提升。此外，医院要制定出合理严格的考核制度，将以上内容都纳入电子档案管理制度上，从而增强档案管理人员的责任意识。

五、增强电子档案的开发利用

大数据发展为医院电子档案管理的开发与利用创造了多种优势，借助其技术能够对档案实施深层化的开发，将其中所蕴含的价值能够挖掘出来，并运用于指导医疗诊疗、管理和科研的活动当中。因此，医院要高度重视硬件与软件的建设，引进先进的现代技术，构建出高技术的管理平台，并建立起统一的数据端口，让每个部门的档案信息实现共享，将档案的价值最大限度地发挥出来。同时，还要加强对电子档案资源实施深度的开发与利用。例如，可以将电子档案管理运用到云计算技术中，让云端中的每个部门能够更好地查阅到公开档案中的信息。而在私密云端中则是可以实施重点的保护机密和重要的档案，对其实施分类的管理方式，将电子档案的价值充分地发挥出来。此外还可以寻求第三方的管

理，对医院中的档案管理平台进行创新和优化，从而构建出全方位且多层次的管理数据库。

六、加大医院电子档案的标准化管理

大数据下对于电子档案资料实施数据化的分析，需要具有较高的标准化水平，因此电子档案管理需要立足于大数据的相关规定。例如，可以结合医院的实际情况来确定档案管理的标准化程序，更好地对档案管理的收集、整理、归档和保存等环节给予明确规定，让档案管理中的格式、目录与标号符合标准化的要求。从而才能更好地对档案信息进行全方位的管理，并制定出多元化的检索工作，促进工作效率的提升，推动医院档案管理工作的长效发展。

总之，大数据时代下要加强对医院电子档案的管理，需要做到科学化、细致化与规范化，还要健全相应的档案管理制度，确保档案管理的安全性，并能有效地开发出档案的最大价值，增强档案管理人员的专业素质，促进电子档案管理效率的提升，从而推动医院的可持续发展。

参考文献

[1]包学栋,张楠,曹岚,等.探析企业管理中的档案信息化建设路径[J].中国商贸,2012
(11):72.

[2]常竹青,李玲,靳利敏.谈档案保管过程中的保密[J].山西档案,2006(1):31-32.

[3]陈永斌.档案开放利用与档案公布权责问题研究——基于新修订档案法的思考[J].浙江
档案,2020(9):13-15.

[4]程可军,于成志.论档案工作互助协作组织机制的建立[J].档案学研究,2014(4):53-55.

[5]丁家友,方鸣,冯洁.论档案内容管理的理论体系与技术路径[J].档案学研究,2020(1):
19-24.

[6]付小莹,曹敏,汪军洪.医院科研档案规范化管理探讨[J].兰台世界,2009(16):54-55.

[7]关丽萍.浅谈档案的收集与整理[J].兰台世界,2017(1):50.

[8]管先海.关于档案鉴定问题的若干思考——兼与刘东斌先生商榷[J].档案管理,2012
(3):19-22.

[9]胡爱真.档案管理科学化对档案人员的素质要求[J].兰台世界,2014(1):54-55.

[10]胡恒.医院人事档案管理的局限性及改进策略[J].档案管理,2017(6):95.

[11]黄思敏.新形势下医院文书档案管理探讨[J].兰台世界,2017(14):58.

[12]贾栋.医院等级评审助推医学装备档案管理规范化[J].档案管理,2020(5):121,123.

[13]贾晓明.浅谈档案的价值与作用[J].兰台世界,2012(4):20.

[14]焦钧.医院党务档案智慧型管理路径探析[J].档案管理,2020(6):126.

[15]靳秀华.关于企业档案管理信息化建设的思考[J].兰台世界,2014(1):72.

[16]李萧萧,蔡文佳.实现医院档案管理现代化[J].兰台世界,2009(1):64.

[17]刘英.论档案开放鉴定工作的组织与实施[J].档案管理,2017(6):89-90.

[18]罗嘉俊,丘文慧,尹小毛,等.临床实验室设备管理系统开发与应用[J].检验医学,2018,

33(5):457-462.

[19]宁军.档案数字化促企业管理升级[J].企业管理,2019(5):83-84.

[20]牛东华.浅议医院人事档案管理中的新模式——人事档案代理[J].山西档案,2008(1):42.

[21]欧阳能良,王伟佳,温冬梅,等.临床实验室信息管理系统仪器设备管理模块的建立[J].临床检验杂志,2018,36(3):210-212.

[22]潘莉.加强企业档案管理信息化建设之我见[J].兰台世界,2013(1):153.

[23]潘玉民.论现代企业档案工作服务的创新[J].上海大学学报(社会科学版),2005,12(5):104-107.

[24]钱明辉,耿祎楠.基于品牌形象视角的企业档案资源利用效果探析[J].档案学通讯,2019(1):73-78.

[25]邵在玲.浅谈档案管理人员的个人素质[J].中国成人教育,2010(14):36.

[26]四川省档案局.企业档案管理实务[M].成都:四川人民出版社,2017.

[27]唐婧.我国已开放档案的利用与公布问题[J].兰台世界,2009(24):5-6.

[28]唐怡风.医院科研档案管理现状及对策[J].档案与建设,2012(3):75.

[29]王丽英.试述新时代档案管理人员素质[J].兰台世界,2019(2):127-128.

[30]王柳,禹夏.浅析文书档案管理中存在的问题及对策[J].中国急救医学,2015,35(2):405-406.

[31]王楠,赵浩然.浅析档案管理的发展和趋势[J].兰台世界,2012(2):158.

[32]吴学志.纸质档案在档案信息化管理中的价值和作用[J].兰台世界,2014(5):78-79.

[33]吴英,俞雪青.应重视档案的鉴定[J].中国土地,2004(6):38-39.

[34]肖秋惠.档案管理概论[M].武汉:武汉大学出版社,2009.

[35]熊回香,李昕然.基于档案管理的企业知识服务研究[J].中国档案,2020(9):70.

[36]徐娜.浅谈档案的价值作用与职业道德[J].兰台世界,2013(3):74-75.

[37]许慧丽.浅谈医院现代化建设中的档案管理[J].中国医院管理,2009,29(6):58.

[38]杨秀艳,易瑾超.企业档案工作标准化体系建设研究[J].兰台世界,2014(17):21-22.

[39]杨一端,张静.简论企业档案管理[J].山西档案,2014(6):95.

[40]原宜青,丁敬达.论档案知识管理理论范式的形成与发展[J].档案管理,2020(2):23-

26.

[41]张莉.论企业档案的性质及其管理——企业档案自主管理理论依据研究[J].档案学通讯,2005(2):68.

[42]张鑫.现代档案管理实例分析[M].北京:科学技术文献出版社,2018.

[43]赵鲁琦.加强医院档案管理现代化建设[J].兰台世界,2006(12):40.

[44]朱丽丽.医院档案精细化管理实践[J].中华医院管理杂志,2019,35(12):1047-1049.